JN410531

오래된 피아노

최문정 수필집

오래된 피아노

이지출판

고백

부끄럽습니다. 내 삶을 되돌아보려니 자꾸 부끄럽습니다.

손자를 키우면서 알았습니다. 그 사랑이라는 것이 내 안에 얼마나 많이 있었는가를 말입니다.

그 많은 사랑을 왜 내 엄마에게, 내 아이들에게 마음껏 쏟아붓고 살지 못했는지 모르겠습니다. 언젠가는 더 요긴하게 쓸 것처럼 나는 가슴 저 밑바닥에 차곡차곡 쌓아 두고 아껴 왔음을 이제야 알았습니다. 후회가 막급합니다.

그냥 훨훨 마음껏 쏟아붓고 살았더라면, 그랬더라면 우리 엄마에게도, 우리 아이들에게도 슬픈 일 없이 행복하게 할 수 있었을 터인데 말입니다. 다시 돌이킬 수만 있다면 가랑잎 태우듯 나를 몽땅 태우며 살고 싶습니다만, 안타깝게도 세월은 되돌릴 수가 없습니다.

이제는 다 지나간 이야기일 뿐입니다. 그것을 왜 모르고 살았는지 정말 부끄럽습니다.

엄마, 죄송합니다. 정말 죄송합니다.

"그동안 얼마나 힘드셨을까요?"

이 한마디도 가슴속에 꼭꼭 묻어 둔 채 한 번도 표현하지 못했습니다. 그게 얼마나 바보 같은 짓이었는지, 정말 부끄럽고 죄송합니다.

엄마, 이 글로나마 용서를 빌고 싶습니다. 용서해 주세요.

세상에서 제일 슬프게 사신 우리 엄마에게.

2016년 7월

최 문 정

차례

2. 엄마의 일기

3. 그게 너였으면 좋겠다

4. 미꾸라지는 알고 있다

1.

놀부는 정말 행복했을까

벌레와 담쟁이

종남이와 황남이

까치와의 동거

놀부는 정말 행복했을까

오래된 피아노

커피와 나, 그리고 그 남자와

튀는 불꽃

어항 속 이야기

내 기쁨이 타인의 재앙이 되다니

길상사의 꿈

벌레와 담쟁이

서재에 창이 하나 있다. 넓고 깊은 하늘을 올려다보기에 딱 좋은 창이다. 그 창은 흘러가는 구름도 볼 수 있고, 날아가는 새도 볼 수 있어 참 좋다.

여름으로 막 접어든 어느 날이었다. 우연히 하늘을 바라보다 여린 담쟁이가 창틀 위로 고개를 쏙 내밀고 있는 것을 보았다.

자세히 보니 털이 보송보송한 새잎이 마치 봄에 세상 밖을 몰래 훔쳐보며 조금씩 올라오는 새싹처럼 예쁘기도 하고 앙증맞기도 하여 그대로 놔두기로 했다. 언젠가는 붉고 선명한 빛으로 내게 아름다운 가을을 연출해 줄 것이기에.

그런데 어느 날 보니 아기 손바닥처럼 쫙 펼치며 무럭무럭 자라던 어린잎들이 누가 떼어 낸 것처럼 귀퉁이가 여기저기 잘려 나가고 없었다. 웬일인가 자세히 들여다보니 아주 작은 벌레들이 잎마다 하나씩 매달려 열심히 먹고 있는 중이었다.

“요 녀석들 봐라! 범인은 너희들이었구나.”

나는 즉시 집게를 늘고 밖으로 나갔다. ‘괘씸한 녀석들을’ 하나씩 떼어 바닥에 패대기를 칠 참이었다. 그들은 그걸 아는지 모르는지 잎마다 매달려 누가 뒤쫓아 오기라도 하는 것처럼 게걸스럽게 먹고 있었다. 연한 잎이 쉴 새 없이 털이 보송한 입안으로 들어가는데, 차마 집게 든 손을 들이댈 수가 없었다. 개도 먹을 때는 안 건드린다는데, 아무리 미물이지만 기다리기로 했다.

그렇게 들여다보다가 그만 포기하고 방으로 들어왔다. 게걸스럽게 먹어대는 모습에 결국 내가 지고 만 것이다.

다음 날 아침에 보니 잎이 하나도 남아 있지 않았다. 검게 변한 빈 줄기만 앙상하게 남아 있고, 벌레들은 보이지 않았다. 다른 잎으로 옮겨 간 것일까, 아니면 실컷 먹은 배를 안고 어디 숨어 깊은 잠에 빠진 것일까. 이리저리 찾아보았지만 벌레들은 어디에도 없었다.

조그마한 입을 쉴 새 없이 움직이던 모습이 눈에 선했다. 그들은 왜 그렇게 급하게 먹었을까. 벌레들에겐 시간이 없었는지도 모른다. 가을이 오기 전 긴 몸통 속에서 날개를 만들어야 하고, 그 날개로 공중을 날면서 짝을 만나야 하고, 그래서 추워지기 전에 후손을 이 땅에 남겨야 한다. 그러기 위해선 시간이 없었는지도 모른다. 급하게 먹어치우는 이유를 알 것 같았다.

우리 인생도 그랬다. 자식을 낳고 키우느라 우리는 얼마나 바쁘게 살아왔던가. 또 짝을 채워 주고 후손을 기다리느라 세월을 다 보낸다. 그러고 보니 그 벌레와 내가 다른 게 무엇일까. 그렇게 바쁘게 살 수밖에 없었던 것이 결국 후손 때문인가.

어린잎들에게 미안했다. 나는 충분히 그들을 구할 수 있었다. 잎들은 속수무책으로 그들에게 먹히고 있었다. 그런데 구하지 않았다. 벌레들의 먹는 모습이 나를 그렇게 만들었다. 결국 담쟁이 잎은 사라졌고, 벌레들은 살아

남았다. 나는 담쟁이를 살리지 못한 것을 후회했다. 벌레는 자기 의지대로 움직일 수 있지만 담쟁이는 그렇지를 못하다.

며칠이 지났다. 나는 벌써 그 일을 잊고 창을 올려다보다 깜짝 놀랐다. 죽은 줄만 알았던 줄기 끝에서 파란 새순이 돋아나는 게 아닌가. 눈을 비비고 다시 보았다. 분명 파란 새순이 올라오고 있었다. 그러고 보니 땅속 깊이 뿌리를 내린 담쟁이는 죽은 게 아니었다. 다시 소생할 능력을 뿌리에 두었던 것이다. 그것도 모르고 나는 그 벌레들을 떼어 버리지 못한 것을 크게 후회하고 있었다. 그랬다면 지금쯤 어떻게 되었을까.

벌레는 이 세상에 없는 존재가 되었을 것이다. 벌레도 살리고 담쟁이도 살 수 있었던 것은 어느 것 하나도 건드리지 않고 그대로 놔둔 때문이었다. 자연은 그렇게 각자 자기 고유한 방식으로 살아가고 있었다. 스스로 약자를 도운다면서 자연을 지배하려 했던 내가 얼마나 어리석은지 잎은 지금 말하는 것 같았다.

우리가 아무리 머리를 쓰고 과학을 총동원한다 해도 자연의 섭리를 따라가기에는 아직도 요원한 것이 아닌가 싶다.

새로 돋아난 여린 잎들은 햇볕을 받으며 지금 무럭무럭 잘 자라고 있다. 벌레들도 지금쯤은 부화하여 어디선가 날갯짓을 하며 짝을 찾고 있을 것이다.

나는 다시 담쟁이 너머로 하늘을 바라보았다. 하얀 뭉게구름이 토끼도 만들고 코끼리도 만들며 지나가고 있었다. 까치 한 마리는 반대 방향으로 가로지르며 날아가고.

내가 세상을 가만히 놔두니 세상도 변한 것이라곤 아무것도 없어 보기에 참 좋았다.

종남이와 황남이

고양이 두 마리가 현관 앞에서 살고 있다. 길고양이라고 하기에는 우리 집과의 인연이 너무 깊고, 집고양이라고 하기에는 너무 자유분방하다.

제멋대로 돌아다니다 배고프면 와서 먹고, 자고 싶으면 현관에 들어와서 늘어지게 잔다. 이렇게 동거한 지가 새끼 때부터 치면 여러 해가 된다. 그러다 보니 자연 정이 두터워질 수밖에.

우리는 그들에게 각각 이름을 붙여 주었다. 한 녀석은 우리를 잘 따른다 해서 따를 종을 붙여 종남이, 다른 녀석은 몸이 온통 누런 빛이어서 황남이라고 부른다. 두 녀석은 형제라고는 하지만 우리 아들들처럼 성격도 다르고 색깔도 아주 다르다.

순한 종남이를 동네에서는 영국 신사라고 부른다. 사람으로 따지자면 미남형에다 행동도 아주 의젓하다. 걸을 때 보면 제법 왕자다운 품위까지 있다. 반면 황남이는 눈빛이 강하고 실제 성격도 까칠하다. 이 녀석은 산책이라도 하면 우리를 따라다니기는 해도 손을 내밀면 바로 도망간다.

녀석들은 어쩐 일인지 주변에 적이 많다. 그래서 날이면 날마다 번갈아가며 몸에 상처를 달고 산다. 어느 때는 귀도 뜯기고, 눈도 찢기고, 다리도 물려 절룩거리며 다닌다. 현관 앞에 누구든 와서 먹으라고 물과 사료를 늘 놓아 두고 있으니 먹이 때문에 싸우는 것은 분명 아닐 것이다.

하루는 황남이가 목 부분을 심하게 물려 피를 뚝뚝 흘리며 왔다. 급히 병원에 데려가 치료를 했는데 이러다가 결국 물려 죽이겠구나 싶어 병원에 있는 동안 아예 거세를 해 버렸다. 그게 다 암컷 탓이라 생각한 것이다. 그때부터 녀석은 목의 상처와 맞물려서인지 집에 와서도 힘을 못 쓰더니 며칠 지나자 먹이조차 먹지 못할 정도로 병이 깊어 갔다. 수의사 말로는 고양이는 이틀만 안 먹어도 죽는다고 해서 놀란 우리는 사료를 갈아 약을 타서 강제로 입에 넣어 먹였다. 다행히 며칠 만에 기력을 회복해 산책에 따라다니기 시작했다.

고양이는 개와 다르다. 항상 의젓하다. 주인을 몰라보는 것인지 무시하는 것인지 주는 밥 다 먹고 자고 싶으면 두 다리 쭉 뻗고 늘어지게 자고, 우리를 봐도 꼬리를 친다거나 반기는 기색은 전혀 없다. 황남아, 종남아 부르면 그 소리는 어찌 아는지 바로 온다. 어느 때는 왜 부르냐는 듯이 뭐라고 끙끙대면서 오기도 하고, 어느 때는 꼬리를 위로 추켜세우고 아주 거만을 떨면서 오기도 한다.

그래도 우리는 그게 신통해서 수시로 부른다. 와서는 종아리에 몸을 비비다가 드러누워 묘기를 부리기도 한다. 우리에게 표시하는 애정의 최대 서비스다.

우리는 식사하기 전에 먼저 두 녀석에게 사료를 준다. 종남이는 냉큼 다가와 밥그릇 앞에 턱 버티고 앉아 뽀드득뽀드득 소리를 내면서 정말 맛있게 먹는다. 황남이는 밥을 주면 일단 달아나고 본다. 먼발치에 서서 종남이가 열심히 먹는 모습을 물끄러미 보다가 슬그머니 온다. 그리고 제 밥그릇은 쳐다보지도 않고 종남이 밥그릇에 머리를 들이밀고 먹기 시작한다. 그러면 종남이는 먹다 말고 고개를 들고 멍하니 앉아 있다가 할 수 없다는 듯이 황남이 밥그릇으로 간다.

그래서 애들 아버지는 종남이는 자기를 닮아 식성이 좋고 황남이는 나를 닮아 까탈스럽다고 한마디 한다. 물론 나 들으라는 소리다. 나도 황남이와 비슷한 면이 있기는 하다. 음식 앞에 앉으면 맛있게 먹을 생각은 않고 탐색을 하며 수저를 든다. 그 점이 나에 대한 우리 집 남자의 불만 1호다. 음식은 하늘이 내려준 것이니 무조건 맛있게 잘 먹어야 한다는 것이 우리 집 남자의 지론이다.

옆에 있으면 괜히 종남아, 황남아 불러 보기도 하고 쓰다듬어 주기도 하고, 안 보이면 문을 열어 놓고 기다리는 게 우리 집의 일상이다.

짐승도 정을 주면 가족이다. 사랑을 줄 대상이 있다는 건 생활 자체의 윤활유다. 특히 고양이는 개와 다르다. 받기보다 주기만 하는 쪽에 속한다. 정확히 말하면 우리는 짝사랑을 하는 쪽이다. 왜 하필이면 고양이냐고, 그것도 짝사랑을? 글쎄, 나도 모르겠다. 그들을 풍성하게 사랑하면 내 마음도 같이 풍성해서라면 답이 될까?

사랑은 늙지 않는다는 말은 맞는 말이다. 또 사람에게는 사랑하려는 본능이 있는 것 같다. 나이와 관계없이 사랑의 대상이 있으면 마음이 기쁘고, 보면 볼수록 반갑고, 그래서 온몸에서 엔도르핀이 마구 쏟아지는 것 같은 이 느낌. 고양이를 가까이하고부터 그런 생각을 하게 되었다. 내가 가질 수 없는 자유까지 누리고 있는 우리 고양이들은, 우리가 울타리까지 되어 주고 있으니 마음껏 행복했으면 좋겠다.

고양이의 물과 사료 때문에 우리 집 주변에는 참새, 까치, 이름 모를 철새까지 날아든다. 그러면 우리 고양이들은 모처럼 사냥의 꿈을 안고 긴장하며 납작 엎드리는 자세를 취한다. 고양이보다 눈치 빠른 새들은 적당히 먹고 포르르 날아가 버린다. 그러면 고양이들은 언제 그랬냐는 듯이 느긋이 누워 다시 잠을 청한다. 그들의 잠자는 모습은 언제 보아도 평화롭다.

까치와의 동거

우리 집에서 내려다보이는 위치에 커다란 은행나무가 한 그루 있다. 낙엽이 다 떨어진 어느 날 앙상한 가지 사이로 날렵한 까치 한 쌍이 가지를 물어 나르는 게 보였다. 은행나무 위쪽에는 지난해 다른 까치가 지어 놓은 우람하게 생긴 집이 한 채 있다.

날씬한 까치들은 그 집은 거들떠보지도 않는 것을 보니 새 집을 지을 신혼부부인 모양이다. 가쟁이를 물고 와서는 이리저리 살피다 놓기도 하고, 이미 꽂힌 것을 빼서 다른 곳에 꽂기도 했다. 그러다 의견이 맞지 않은지 상대를 밖으로 내쫓기도 했다.

이렇게 집을 짓기에 여념이 없던 부부가 새끼를 낳자 그 새끼를 내가 키우게 될 줄은 상상도 못했다.

어느 날 조막만한 예쁜 새끼 두 마리를 데리고 처음 나들이 하던 날이 아닌가 싶다. 푸르르 날다가 창 앞 나뭇가지에 팔랑이며 앉는데 너무 어려 보기에도 불안했다. 결국 한 마리가 나무 밑으로 떨어지고 말았다.

나는 급히 나갔다. 고양이 눈에 뜨이면 여지 없이 먹힐 수밖에 없다. 잡으려는데 그 조막만한 새끼가 두 날개를 치켜세우며 나를 어떻게 해 보겠다고 도전을 하는데 내가 도리어 놀랐다. 그런 용기와 사나움은 어디서 나오는 것일까.

겨우 두 손으로 잡아 나뭇가지 위에 올려놓았다. 파드닥거리며 다른 가쟁이로 옮기는 것을 보고서야 집으로 들어왔다. 저도 놀랐는지 나뭇잎 속에 몸을 숨기고 죽은 듯이 있었다.

갑자기 까치가 자지러지게 우는 소리가 들려 또 뛰어나갔다. 고양이가 파드닥거리는 새끼를 물고 있었다. 그 놈이 또 떨어진 것이다. 새끼를 빼앗아 다시 나무 위에 올려놓았다. 새끼는 그곳에 꼼짝도 않고 앉아 있었다.

어미들은 야단이 났다. 다른 어미까지 합세하여 야단인데 지저귀기만 했지 별 뾰족한 수가 없는 모양이다. 그러다 해가 지니 다시 오지 않았다.

새끼는 그대로 앉아 있었다. 그대로 두었다가 떨어지면 고양이 밥이 될 것이고 어미는 오지 않고 할 수 없이 새끼를 집으로 데리고 올 수밖에 없었다.

종일 굶고 있었으니 먼저 계란을 삶아 노른자를 입에 넣었다. 어린 것이 성깔이 보통이 아니었다. 절대 안 먹겠다며 사납게 부리를 흔들며 뿌리쳤다.

나는 그래도 계속 시도할 수밖에 없었다. 드디어 받아먹기 시작했다. 저도 배가 고파 더는 거부할 수 없었을 것이다.

지금은 먹이가 입 가까이 가면 입을 한껏 벌리고 두 날개를 팔랑이며 온몸으로 받아먹는다. 두 번 계속 주면 입을 꼭 다문다. 처음에는 왜 그러는지를 몰랐다. 어미가 한 번 먹이고 나면 다음 먹이를 가져올 때까지 기다려야 했던 것이다. 그래서 두 번 계속은 절대 안 받아먹는다.

이렇게 해서 까치를 기르게 되었는데, 그러면서 까치

에 대해 하나하나 알게 되니 여간 신기하지 않았다. 가냘픈 발로 내 손바닥에 앉으면 따뜻한 온기가 전해 온다. 발바닥뿐 아니라 가슴이 닿으면 가슴은 더 따뜻하다. 조그마한 새끼에게 따뜻한 피가 흐른다는 게 신기했다.

이틀이 되던 날 몸이 안 좋았던지 발바닥이며 가슴이 손에 닿자 어떻게나 뜨겁던지 놀랐다. 급히 조류협회에 물어보니 항생제를 조금 먹여 보란다.

오늘로 우리가 키운 지 두 주가 된다. 이제는 온 거실을 휘저으며 날아다닌다. 무언가 이상한 것을 보면 주둥이로 신문지 밑이나 구석진 곳으로 밀어 넣는다. 숨기는 것이다.

까치가 영리하다는 말은 들었지만 다람쥐처럼 먹이를 숨기는 것은 처음 알았다. 본능인 모양이다. 운동도 운동선수처럼 한다. 무릎 펴기, 종아리 펴기, 날개 늘리기, 꼬리 털기, 몸 털기. 여전히 밖에서는 어미들이 지저귀는데 제 어미가 아닌지 전혀 반응이 없다. 어미가 아니라면 스스로 먹이를 먹을 때까지 기다릴 수밖에 없다.

아직은 먹이를 입에다 꼭 넣어 주어야 먹는다. 욕실에

자주 들어가기에 물을 먹으려나 해서 물을 바가지에 가득 담아 주었다. 거침없이 들어가서 물을 먹는가 했더니 아예 몸을 물속에 넣고 팔랑이고 있다. 목욕을 하는 모양이다.

아침에 보니 꽁지털 하나가 밑으로 처져 있어 목욕하다 부러진 걸로 걱정을 했다. 조금 있으니 떨어져 나가고 없다. 부러진 게 아니라 우리가 이를 갈 듯 털갈이를 하는 모양이다. 안심이 되었다.

날아가기 전에 우리에게 제 모든 모습을 다 보여 주고 싶은지 우는 것도 다양했다. 입안에서 소리를 비틀며 꽈리 부는 것 같은 낮고 부드러운 소리를 낼 때는 보통 까치 소리와는 전혀 다르다. 너무 부드러워 까치의 자장가쯤으로 생각해 버렸다.

빨랫대에 앉아서는 옛날 태어날 때 이야기를 하는 건지, 아니면 헤어진 엄마 이야기를 하는 건지 종알종알 끝이 없이 종알댄다. 너무 길어 이제는 수다쯤으로 듣고 있다. 까악깍은 무엇을 요구할 때나, 밥 주세요, 나 다른 곳으로 가고 싶어요, 할 때인 것 같다.

요즘에는 "우리 깍깍이 어디 있지?" 하면 번개같이

날아와 깍깍거리며 어깨에 앉는다. 오늘도 어린 까치는 거실 창틀에 앉아 신나게 긴 연설을 시작했다. 나는 알아듣지 못하는 그 장황한 연설을 또 들을 수밖에….

놀부는 정말 행복했을까

길 고양이가 새끼 두 마리를 데리고 왔다. 처음 보는 놈이다. 새끼 두 마리는 철없이 뛰어다니다 우리를 보자 재빨리 화분 뒤로 숨는다. 어미가 있어도 우리가 무서운 모양이다.

나는 어서 오라는 뜻으로 그릇에 사료를 넉넉히 쏟아 붓는다. 어미는 눈치를 살피다 슬금슬금 다가오더니 먹기 시작한다. 새끼들은 여전히 화분 뒤에 숨어서 빠끔히 나를 쳐다보고만 있다.

하루가 지나자 어미와 같이 먹이를 먹는다. 안심해도 된다는 판단이 선 모양이다. 이젠 숨으려 하지 않고 뛰어

다닌다. 새끼가 시도 때도 없이 젖을 먹으려 들면 어미는 주저하지 않고 그 자리에 누워 먹인다. 혹자는 이 세상에서 가장 아름다운 모습이 젖을 물리고 있는 모자상이라고 했던가.

새끼에게 젖을 물린 고양이도 마찬가지다. 젖만 먹이는 게 아니다. 먹는 동안 새끼들의 온몸을 핥아 준다. 사랑이 넘친다. 새끼들은 젖을 먹다 눈을 지그시 감고 어미가 하는 대로 몸을 맡긴다. 그대로 잠이 든다. 어미도 잠이 든다. 한 폭의 그림이다.

요즘 보는 책에서 지구의 나이가 나온다. 그 나이를 거슬러 올라가지 않아도 모든 생명체의 뿌리는 하나라는 이야기다. 진화론이다. 고양이를 보면서 몇 억겁을 넘어오면서 한쪽은 고양이로, 한쪽은 사람으로 진화되었다면 고양이의 모성이 인간과 다를 게 없는 것이 우연은 아니구나 생각해 본다. 후손을 이어간다는 열성은 모든 생명체의 본능일 것이다.

텔레비전에서 본 장면이 떠오른다. 어느 산사의 기둥이다. 기둥 한 곳에 1센티미터 겨우 되어 보이는 곤충이 여러 개 가는 나리로 시신밟기를 하고 있었다. 빙빙 돌며

밟기도 하고, 앞다리로 토닥토닥 두드리며 밟기도 한다. 그 안에 무엇이 들어 있기에 저리도 정성껏 밟고 두드리는 것일까. 해설자는 구멍에 알을 낳고 그 위를 마무리하는 중이라고 했다.

그렇게 한참을 밟더니 날아가 버린다. 그 안에서 새끼가 잘 부화되기를 기도까지는 아니더라도 아마 그쯤 했으면 안심이다 확신했음이 분명했다.

그런데 조금 떨어진 곳에 꼬리에 긴 침을 단 그만한 곤충이 폴 날아오더니 바로 그 자리에 와서 앉는다. 그리고 주저함도 없이 곧바로 자신의 긴 침을 그곳에 깊숙이 들이민다. 알을 낳기 위해서란다. 아직 굳지 않아 침은 쉽게 들어간다. 해설자의 말로는 날아간 곤충의 애벌레는 지금 이 곤충의 애벌레 먹이가 되는 것이란다.

잔인한 세계, 이것이 약육강식이고 자연의 세계다. 고등한 우리 인간은 어떤가. 우리에게서도 태어난 생명들이 방치되고 버려지기도 한다. 그런데 실제 뉴스를 들어보면 그 정도가 너무 끔찍해 입에 담을 수가 없는 때도 있다. 고등동물인 우리와 미물의 차이가 무엇일까 생각할 여지도 없어지는 순간이다.

또 다른 장면에서는 새끼를 놔두고 어미 고양이가 죽었다. 어미가 죽은 것을 모르는 새끼 고양이는 그 옆에서 떠날 줄을 모른다. 그래서 취재진들이 어미를 해부해 본다. 어린 새끼를 두고 죽은 이유가 무엇일까 하고. 결과는 놀라웠다. 어미 배 속에 비닐조각이 가득했다. 새끼에게 젖을 물리면서 허기에 못 견딘 어미 고양이는 비닐조각으로 배를 채운 것이다.

이 고양이처럼 우리 세계에서도 기아로 죽는 일이 지구 곳곳에서 일어나고 있다. 원래 지구상에 있는 모든 먹을거리는 지구인이 먹고도 남는 양이란다. 그런데 왜 기아가 발생하는 것일까. 그건 갈 곳에 가지 않고 어느 욕심 많은 놀부 창고에 쌓이고 쌓이다 보니 한쪽은 텅 비게 된 것이 아닌가 싶다.

텔레비전에선 연일 기아의 비참한 영상이 뜬다. 서민의 주머니로라도 기아를 해결해 보자는 것일까. 그나마 얼마나 다행한 일인가. 그러나 구제의 목적보다 놀부의 속셈이 거기에도 숨어 있으면 어쩌나, 걱정이 앞서는 것은 왜일까. 아무리 진실이라고 외쳐도 세상엔 진실보다 거짓이 너무 많은 게 사실이기 때문일 것이다.

우주 밖에서 보면 우리 생은 정말 눈 깜짝할 순간이라고 한다. 물질만, 행복만 추구하기에는 너무 짧은 인생이란 이야기다. 그 짧은 생을 일자리가 없어서, 비빌 언덕이 없어서, 부모를 잘못 만나서, 갑의 폭거에 슬프게 살 수밖에 없다면 그건 다 누구의 탓으로 봐야 할까. 권력을 가져도 친척, 내 이웃만, 재물도 나와 내 새끼에게만, 그렇게 내 것, 우리 것만 챙기다 보니 한쪽은 텅 비고 고달픈 삶일 수밖에 없는 을이 되는 것인가.

한쪽으로 몰린 권력과 재물을 많이 갖고 있다는 그들에게 물어보자. 너희들 정말 행복하냐? 처음에는 그럴 것 같지만 절대 그렇지 않을 것이다. 그게 세상 이치다. 그 이치로 욕심 부리는 사람은 반드시 불행해질 수밖에 없다는 말도 된다. 내가 욕심을 좀 덜 부리면 그 이익이 반드시 이웃에게 돌아가게 돼 있으니 말이다.

주변에 마음을 조금만 열면 웃고 살 일이 참 많다. 부와 권력을 나누면 더 많다. 그것을 행복해지는 길이라고들 한다. 사랑도 하고 사랑도 받으면서, 그렇게만 산다면 이보다 더 좋은 삶이 또 어디 있겠는가. 주는 게 사랑이라고 하지 않던가.

좀 멋쩍은 이야기지만 나도 처음에는 굶주린 고양이에게 먹이를 주다가 그들을 알게 되었다. 나는 오늘도 우리 고양이에게 한마디 하고 싶다.

"까망아! 너희 엄마는 이렇게 예쁜 너를 어떻게 내게 맡길 생각을 했다니?"

오래된 피아노

우리 집에 피아노 한 대가 있다. 주인을 제대로 만나지 못해 아직 한 번도 시원하게 건반을 두드려 주는 사람은 없었지만, 삼십 년이 지났으니 억울하게도 헌 피아노라고 할 수밖에 없다.

그동안 대접받기는 고사하고 한 귀퉁이에 밀려나 언제 퇴출될지 모르는 신세로 전락한 것도 사실이다. 어쩌다 거실을 새로 정리한다거나 도배라도 할라치면 제일 골칫거리가 이 피아노다. 손쉽게 이동할 수 있기를 하나, 좁은 곳에 들어가기를 하나. 세상에 태어나서 아름다운 소리 한 번 제대로 내보지 못하고 골칫거리로 전락

할 바에는 애초에 피아노로 태어나지 말았어야 했다.

그 피아노에 대한 좋은 기억은 내가 대여섯 살 때쯤이 아니었나 싶다. 엄마 손을 잡고 골목길을 지날 때였다. 담장 너머로 파도치듯 흘러나오는 소리가 가을 하늘처럼 맑고 청명하였던 것일까. 어린 귀에도 그 소리가 너무도 아름다웠던지 걸음을 멈추고 엄마에게 물었다. 엄마는 피아노 소리라고 했다.

"피아노가 뭔데?"

피아노가 어떻게 생겼는지도 모를 때였지만 그 소리는 어린아이 귀에 강하게 남아 있었던 것 같다.

그리고 초등학교 오학년 때 그 피아노를 배우기 시작했다. 그러나 그때는 중학교 입학 시험 준비를 사오학년부터 하던 터라 중도에 그만두고 중학교에 들어가 다시 치기 시작했다.

체르니 30번을 치면서 처음 받은 곡이 '엘리자를 위하여' 였다. 한창 물이 올라 신나게 칠 때였다. 집에 피아노가 없었기 때문에 폭격으로 한쪽 지붕이 기울어진 학교 강당에서 반늦도록 혼자 연습하곤 했다. 그렇게 연습하고 가면 지도 선생님은 번번이 자리에 없었다. 선생님을 안 거치니 진도가 안 나갔다. 결국 지쳐서 친구와 함께 다른 선생님을 찾아다니다가 끝낸 것이 내 피아노 경력의 전부다. 그래도 그 경력으로 대학 다닐 때 피아노 지도도 겸하면서 가정교사를 했다.

결혼하고 아이들이 태어나자 내 꿈은 내 아이들은 내가 가르치겠다는 거였다. 그래서 피아노를 구입하려고 뛰어다녔다. 그때는 피아노 수요자가 쇄도하여 미리 신청하고 몇 달씩 기다려야만 했다. 기다리는 동안 결국 흐지부지 지나갔다.

어느 날 드디어 피아노를 구입했을 때는 우리 아이들도 입시문제로 줄줄이 공부에 매달려야 했다. 그렇게 해서 아이 넷 중에 피아노 치는 아이를 하나도 만들지 못하고 말았다. 내가 가르치겠다는 욕심만 갖지 않았더라면 넷 중에 한둘은 일찍부터 남의 손에라도 피아노를 가르쳤을 것이다. 그래서 피아노는 외롭게 구석에 처박혀 365일 꼭꼭 닫힌 채 나처럼 무미건조한 나날을 보내게 된 것이다.

그런 피아노에 요즘 관심을 갖게 되었다. 세월은 흘러 딸도 시집가고 아들들도 장가가고 가족이 점점 줄어드니 자연 구석에 있는 피아노가 관심사가 된 것이다.

뻣뻣하게 굳어 버린 손가락으로 가물가물한 '엘리자를 위하여'를 더듬더듬 치고 있다. 누가 들으면 저렇게도 치는구나 한심하게 생각하겠지만, 그래서 누가 들을세라 전전긍긍하면서 한 줄씩 조용히 건반을 누르지만, 그래도 피아노는 신이 나는지 그렇게 눌러도 도두라진 미성을 울려 댄다.

그래서 우리는 요즘 신이 난다. 이렇게 치다 보니 같이 늙어가는 처지에 서로 위로하고 격려하며 친구가 되어 보는 것도 괜찮을 것 같다. 음을 잘못 누른다고 뭐라고 하든, 되는 대로 친다고 흉을 보든 신경 쓰지 않기로 했다. 지나가다 듣는 사람이 좀 괴롭기는 하겠지만.

자식들은 하나 둘 떠났지만, 이 피아노만은 내가 내치지 않는 한 절대로 내 곁을 떠나지는 않을 것이다. 이제부터 영원한 친구라고 생각해도 무방할 것 같다. 그래서인지 피아노 앞에만 앉으면 흐뭇하고 즐겁다.

지금은 이렇게 엉성하게 치지만 열심히 치다 보면 언젠가는 내 손도 건반 위에서 춤을 추듯이 날아오를 날이 올지 누가 알겠는가. 그때가 되면 무대까지야 어찌 욕심을 내겠는가만은, 누군가 창 밑에서 귀를 기울이며 내가 어렸을 때 그랬던 것처럼 황홀해하며 듣고 있을지 모를 일이다. 그때를 꿈꾸며 열심히 쳐 보리라.

비록 피아노도 늙고 나도 늙었지만 변하지 않는 나의 감성을 너의 경쾌한 건반에 실어 여생을 함께하리라.

커피와 나, 그리고 그 남자와

내 커피 취향은 아주 단순하다. 굳이 무슨 이름을 붙일 것도 없이 커피면 된다.

어느 미국인이 그랬다던가. 우리나라 자판기 커피야말로 맛으로 보나 경제적으로 보나 세계 제일이라고 극찬을 했단다. 나는 그 커피에서 프림은 빼고 먹는다. 아주 평범한 수준이지만 커피에 대한 나의 태도만은 좀 다르다.

먼저 커피를 물에 넣고 팔팔 끓이다가 누런 설탕을 넣는 게 전부지만, 중요한 것은 배합이다. 나는 남보다 좀 달게 먹는 편이다. 커피와 설탕을 넣고 끓이면 은은한

갈색으로 변하면서 향이 피어오르는데, 그때 티스푼으로 입술에 살짝 대보면 짜릿한 맛이 입술 끝에 전해 오면서 내게는 최상의 커피가 되는 것이다.

나는 커피 잔을 들고 내 자리에 와 앉아 눈을 감고 천천히 한 모금씩 음미한다. 그 순간은 커피와 나뿐이다. 그런데 요즘 그 돈독한 사이가 깨어지고 있다. 훼방꾼이 생긴 것이다. 다름 아닌 우리 집 남자다.

매일 바깥세상하고만 살던 사람이 갑자기 집에 머물고부터는 나에게 커피 봉사를 하겠다고 나선 것이다. 물 한 잔도 꼭 따라주어야 먹던 사람이 스스로 마누라에게 커피 봉사를 자처하는데 마다할 이유가 없다. 그런데 거기에는 이유가 있다. 원래 집안일은 도대체 관심이 없는 사람이었다. 단 한 번도 스스로 밥을 챙겨 먹는다든가 물을 찾아 마신다든가가 없던 사람이었다.

"여보 물", "여보 신문" 하면 득달같이 대령하는 게 내 임무였다. 그런 사람에게 한 번은 부득이 밥상을 차려 놓고 외출한 적이 있다. 밥만 푸면 되게 상을 차려 놓고, 밥은 어떻게 펴야 하는가를 두 번 세 번 설명했다. 그는 신문을 보면서 걱정하지 말고 잘 다녀오라고 했다. 현관까지 따라 나오면서 천천히 볼일 다 보고 잘 다녀오라고도 했다.

그래서 안심하고 천천히 볼일을 다 보고 와서 보니 밥상이 그대로였다. 수저 하나 흐트러지지 않은 채 그대로였다. 이유는 간단했다. 전기밥솥을 열지 못한 것이다. 그런 남자가 커피를 타주겠다는데 쌍수로 환영하는 건 너무도 당연한 일이다.

가끔 남사들끼리 지방 여행을 간다. 밥을 짓는 친구, 낚시하는 친구, 잡은 물고기로 매운탕 끓이는 친구, 번번이 자신만 아무것도 못하는 것을 안 것이다. 무엇인가 해 보려 하다 시작한 것이 커피다. 그 커피를 이젠 밥상만 물리면 바로 탄다. 연습이든 실습이든 타주는 커피를 아침마다 앉아서 우아하게 받아먹는 즐거움이 제법 쏠쏠하다. 이런 커피는 맛으로 먹는 게 아니다. 폼으로 먹는다. 여왕처럼 우아하게.

나는 원래 커피를 설탕 맛으로 먹는 편이지만 그렇다 해서 설탕과 커피만 있으면 되는 것은 아니다. 두 세계가 알맞게 조화를 이루는 기술이 필요하다. 어느 날 우연히 커피를 탔는데 커피와 설탕의 궁합이 기막히게 맞아떨어진 적이 있었다. 그때 그 맛이 어찌나 감미롭던지 나 자신도 놀라고 말았다. 이건 커피 맛이 아니었다. 지금까지 한 번도 맛보지 못한 짜릿하게 입안에 착 안기는 맛이 천하일품이었다. 그때부터 커피의 맛은 커피의 종류가 아니라 배합의 묘미라는 것을 알았다. 그래서 커피를 탈 때마다 그 맛을 되찾으려고 아주 조심스럽게 배합에 신경을 쓴다.

그런데 우리 집 남자는 그 자체를 이해하지 못한다. 커피는 물에 타면 된다, 그 이상도 그 이하도 아니다. 그러니 맛이 제대로 날 리가 없다. 꿀처럼 달지 않으면 쓰고, 쓰지 않으면 그냥 밋밋하기까지 하다. 어느 땐 자기도 이상한지 커피 맛이 좀 이상하지 않느냐고 묻기도 한다. 그런 경우 너무 짙다거나 너무 달다고 했다가는 그나마 맛이 완전히 변해 버리니 그냥 괜찮다고 하는 편이 낫다. 그리고 차차 나아질 거라는 기대를 가지고 참고 마신다. 항상 식구들 뒷바라지에 분주히 움직이던 내가 소파에 앉아서 타주는 커피를 받아먹는 것만으로도 흐뭇한데 맛까지 욕심낸다는 것은 너무 과하지 않나 싶어서다.

주부들이란 식구들이 있으면 그나마 앉을 시간도 없다.

그렇게 살아온 내가 이렇게 여유를 부리며 타주는 커피에 재미를 들일 줄 상상이나 했겠는가. 어느 땐 독수리 타법으로 토닥거리는 컴퓨터 옆에 김이 모락모락 나는 커피 잔을 가만히 내려놓고, 자기는 소파에 앉아 텔레비전을 보며 마시는 모습은 보면 정말 영화의 한 장면 같다.

어찌했거나 이제는 커피에 대해선 내가 전혀 관여하지 않아도 된다. 일주일 세 번 친구와 산에 갈 때 타는 커피도 그 사람 몫이다.

그래서인가 커피 만드는 솜씨가 조금씩 달라지고 있다. 내가 원하는 절묘한 경지까지는 아니지만 가끔은 '와, 괜찮은데' 할 정도는 되어 간다. 그러면 그 사람은 기분이 매우 좋은 모양이다.

"한 잔 더 줄까?"

그래서 나도 요즘 아주 너그러워지고 있다. 마음에 안 들어도 대충 통과하고 반찬도 신경을 쓴다. 오늘은 우리 집 남자가 외출 중이다. 모처럼 내 절묘한 맛을 찾으려 커피포트의 스위치를 올린다. 언제 느꼈던 그 절묘한 맛의 추억을 기대하면서.

튀는 불꽃

어느 날 버스를 타고 시내에 갔을 때 일이다. 기다리는 버스가 왔지만 버스 안은 사람들로 꽉 차 있었다. 다음 버스를 타기로 하고 그 차를 그냥 보냈다. 바로 이어서 버스가 왔다. 방금 떠난 버스와 같은 노선이었다. 잘되었다 싶어 얼른 탔다. 차 안은 텅텅 비어 있었다.

버스는 지체 없이 달렸다. 다음 정류장에 닿자 먼저 간 버스 꽁무니에 차체를 바짝 들이댔다. 그러나 사람들은 텅 빈 뒤 버스에는 관심이 없고 앞 버스에만 모두 탔다. 누구도 같은 노선 버스가 바로 뒤에 오리라고는 생각지 못한 모양이다.

다음 정류장도 또 다음 정류장도 뒤차는 계속 텅텅 비어 있는데 앞차는 꽉꽉 차 있었다. 앞 버스는 마치 뒤 버스에 손님을 빼길까 봐 싹쓸이 하는 것처럼 보였고, 뒤 버스는 계속 헛물만 켜는 것처럼 보였다.

손님 때문에 버스들끼리의 치열한 경쟁은 사라진 지 오래다. 더러 경험하는 일이지만 같은 노선 버스가 같이 올 경우 앞 버스는 저만큼 앞에 세워 손님만 내려놓고 그대로 달리고, 뒤 버스는 앞 버스와 거리를 두고 천천히 달리는 것을 가끔 보았다.

나는 이런 경우 버스 타는 것을 제일 싫어한다. 버스가 첫째 한없이 느리다. 뒤차들이 끊임없이 앞을 따라잡는데 세월아 네월아 하다 신호등이 바뀌면 먼저 선다.

그런데 이 버스들은 달랐다. 하나는 싹쓸이, 또 하나는 빈 차로 한 치의 양보도 없어 어쩐지 감정이 있어 보였다. 나야 신나게 달려 주니 고맙긴 하지만 이건 아니다 싶은 생각이 들었다. 기사끼리 무슨 일이 있는 게 분명했다.

지금 두 차는 불꽃을 튀기고 있는 것인지도 모른다. 앞차 꽁무니에 차체를 바싹 들이대는 그 차체가 해 볼 테면

해 보자는 경고가 분명했다. 이기고 지는 싸움이 아닌 참을 수 없는 분노를 집채만한 버스를 몰고 가면서 터뜨리고 있는 것이다.

무엇 때문에 그렇게 감정이 났는지는 모르지만 지금 그들은 너 때문에 내가 이렇게 화가 날 수밖에 없다는 것을 서로에게 보여 주고 있는 것이리라. 언제나 감정은 자신은 제쳐놓고 상대방 잘못만 눈에 보이게 마련이다.

'내 탓이 아니라 네 탓이야 알아?'

두 사람 차고까지 이 기세로 간다면 작은 일이 아니다. 이러다가 감정이 격해져서 차 자체가 불꽃을 튀길지 모른다. 이쯤해서 누군가가 먼저 물러나야 하는데 그럴 기미가 없다.

그러자 다행히 싸움은 일단 멈출 수밖에 없게 되었다. 자의가 아니라 타의에 의해서였다. 앞 버스가 신호등이 바뀌는 찰나 내달린 것이다. 뒤차는 빨간불이 들어오니 멈출 수밖에. 그래서 싸움은 일단락되었지만 끝난 것은 아니다. 지금 두 사람, 한 발자국씩 물러설 수 있는 절호의 기회다. 화가 폭발할 때 심호흡이 도움이 된다고 한다. 이럴 때 그들도 심호흡을 하면서 진정했으면 좋을 텐데.

사람이 먹고 사는 게 힘들다고들 하지만 실은 감정 다스리는 게 더 힘든 것 같다. 내 감정 다스린다는 것이 자식 다루기보다 더 어렵다. 감정이 한번 발동하면 황소보다도 세고 씨름꾼보다도 더 억세다. 감정이란 어디까지나 다스림이어야 한다면 평소에 다스림에 꾸준히 주목해야 할 것이다. 감정만 잘 다스리면 감정의 충돌은 문제가 될 게 없다.

"마음을 내려놓으라."

스님의 말씀은 먼저 남을 배려하라는 의미도 있겠지만, 결국 내가 나를 괴롭히지 않으려면 잘잘못을 가려내려는 내 마음부터 내려놓아야 한다는 그런 이야기일 것이다.

상대가 내게 불을 지르는데 참을 장사는 없다. 그래서 도저히 참을 수 없다. 도저히 참을 수 없는 걸 어떻게 다스리느냐. 내 경우 먼저 심호흡을 크게 한다. 감정을 잠시 멈추게 하기 위해서다.

어항 속 이야기

우리 집에 조그마한 어항이 하나 있다. 딸이 네 살 된 제 아들을 위해 사다놓은 것이다. 어항 속에는 작은 이층집이 한 채 있고 손톱만한 물고기 두 마리가 살고 있다. 처음에는 손자 녀석이 밥도 잘 주고 들여다보며 물고기와 이야기도 잘하더니 요즈음은 통 관심이 없다. 그러다 보니 자연 내 전유물이 되고 말았다.

컴퓨터를 치다 잠시 고개를 들면 바로 어항 속이 훤히 들여다보인다. 어항 속은 언제나 조용하다. 두 녀석은 수초 뒤에 숨어서 꼬리만 팔랑일 뿐, 서로 대화도 없고 오고가지도 않는다. 둘이 싸운 것인지, 이별을 선언한 것인지, 멀리 떨어져서 미동도 않고 있다가 먹이를 줄 때만 번개처럼 몇 번 왔다갔다가 전부다. 그래서 요즘 그 안에 있는 작은 집에 더 관심이 간다.

어항 속 예쁜 이층집 현관 앞에는 색색의 바둑알이 깔려 있고, 수초들도 가지런히 심어져 있다. 집 둘레에는 흰 나무로 담장이 둘러져 있어 더 아담하게 보인다. 붉은 기와로 된 지붕 밑에는 작은 창이 하나 있는데 언제나 닫혀 있다. 그 옆에는 산타할아버지가 드나들 것 같은 작은 굴뚝도 있다.

보면 볼수록 마치 내가 그동안 마음속에 꿈꾸어 왔던 집처럼 정겹다. 예쁜 굴뚝이 그렇고, 작은 현관도 그렇다.

나는 내가 살아온 이 집에 아주 만족하며 살아왔다. 한 번도 더 크고 더 멋진 집을 상상해 본 적이 없다. 거실 앞은 나무들로 작은 숲을 이루고 있고, 현관 앞의 대나무 숲도 이색적이다. 그 대나무는 이사 오면서 현관 앞에 심은 것인데 20년을 자라면서 작은 숲을 이루었다. 그래서 오가며 눈요기 하는 사람도 많다.

아침에 현관을 열면 바로 새들 지저귀는 소리가 요란하다. 어느 시인이 그랬나던가. 아이들은 새소리 나는 곳에서 키우라고. 그런 면에서 우리 집은 안성맞춤이다. 그런저런 이유로 이 집에 만족하며 살고 있는데, 어항 속 작은 집이 나타나고부터 자꾸만 마음이 흔들린다.

빨간 지붕이 그렇고, 하얀 연기가 피어오를 것 같은 작은 굴뚝이 그렇고, 하지만 작은 현관은 보면 볼수록 꼭 한번 들어가 보고 싶은 충동을 느낀다. 거실은 어떻게 꾸며져 있는지, 계단을 밟고 이층에 올라가 창문도 활짝 열어 보고 싶다. 그러면 물고기들이 기웃거리며 들여다볼까?

내가 아주 어렸을 때 우리 집에 나무로 된 작은 라디오가 있었다. 그 속에서는 노래도 나오고, 재미있는 이야기들이 쏟아져 나왔다. 나는 그 속에 아주 작은 사람들이 많이 살고 있는 줄 알았다. 라디오는 높이 올려져 있었는데 그 작은 상자 안에 있는 사람들은 얼마나 작을까, 그게 궁금하여 라디오 속을 들여다보려고 무진 애를 썼던 기억이 난다. 이미 걸리버 여행기가 내 머릿속에서 만들어지고 있었는지도 모른다.

나이를 먹으면 꿈을 잃고 산다고들 한다. 꿈은 가능성이 있을 때 가져보는 것일 것이다. 가능성이 없다면 그건 망상이지 꿈이 아니다.

동화라는 낱말을 찾아보았다. '어린이를 상대로 하고 동심을 기조로 해서 지은 이야기'라고 적혀 있다. 그런데 어린이가 아닌 내가 어항 속의 집을 부러워하고 있는 것은 무엇일까. 꼭 그 집에 들어가 보고 싶은 나는 동화 같은 이야기를 하려는 게 아니라 현실적으로 희망하고 있는 것이다.

과학은 하루가 다르게 최첨단을 달리고 있다. 지금은 우주시대다. 언젠가 오늘은 화성으로 내일은 금성으로 할 때가 올지 모른다. 작은 물고기, 작은 사람들 이야기는 말도 안 되는 소리지만, 평화스럽던 지구가 자고 나면 머리가 아플 지경으로 복잡하다.

이웃 나라를 깨부수려고 핵을 만들고, 그 핵을 지구 곳곳에 묻어 놓고 여차하면 상대를 공격할 준비에 혈안이 되어 있는 이런 세상. 나는 고등학교 때 이미 그 핵 이야기를 들었다. 핵 버튼을 담당한 사람이 너무 긴장한 나머지 정신착란을 일으켜 어느 날 그 버튼을 누르게 되면 지구는 삽시간에 불바다가 된다는 어마어마한 이야기였다. 그 위험은 지금도 변함이 없다.

46억 년이란 긴 세월을 아름답게 가꾸어 온 지구는 태어난 지 겨우 천만 년도 안 되는 인간 때문에 한순간에 공중분해되고 마는 꼴이 될지도 모른다는 이야기다. 싸우지 않고 살아도 짧다면 짧은 인생인데 세상 밖도, 나라 안도 이리 시끄러우니 차라리 이 꼴 저 꼴 안 보고 어항 속 저 예쁜 집 거실에 앉아서 책이나 실컷 읽었으면 정말 좋겠다.

내 기쁨이 타인의 재앙이 되다니

창문을 사정없이 때리면서 굵은 빗줄기가 내리치고 있다. 비만 오는 게 아니라 천지가 진동하며 번쩍번쩍 번개가 요동을 친다.

얼마 전 거실 앞 유리문을 하얀 창틀로 바꾸었다. 이사 온 지 이십 년 만에 바꾼 것이다.

베란다를 앞으로 쭉 내밀어 천장도 유리로 바꾸었다. 그래서 옆으로 앞으로 위로 쏟아지는 비가 보고 싶었다. 그 비가 지금 오고 있다. 그것도 가만가만 얌전히 오는 게 아니라 쾅쾅 스테레오로 하늘을 때리고 번쩍번쩍 파노라마를 펼지면서 세상을 박살 낼 것처럼 빗줄기를 쏟아내고 있다. 십년 묵은 체증이 쑥 내려갈 것 같아 박수라도 치고 싶은 심정이다.

머리를 새로 하면 일주일이 행복하고, 옷을 새로 사면 한 달이 행복하다더니 유리문을 새로 바꾸어 그러잖아도 매일매일 신이 나 있는데, 이렇게 비까지 와 주니 기분이 좋다.

언젠가 우연히 난타 공연을 본 적이 있다. 세상에 있는 것은 무엇이고 다 깨부술 것처럼 온몸으로 쏟아내던 그 경쾌한 동작을 지금 하늘이 쏟아내고 있는 것이다. 지붕이며 길이며 세상 모든 것을 하나도 남김없이 신나게 때려 주고 두드려 주고, 내리쳐 주고, 나도 신이 나 세상의 잡다한 것 모두 쓸어내고, 내 안의 속내까지도 다 쓸고 갔으면 하는데, 그때 유리문 앞으로 무엇이 휙 지나가는 것이 보였다.

무엇인가 싶어 눈을 유리에 바싹 대고 내려다보니 뿌연 유리문 사이로 우산을 든 여학생이 마구 뛰어가는 게 보였다. 몸에서는 물이 뚝뚝 떨어지고, 물에 잠긴 신발은 물을 사정없이 튕기며 달리고 있었다. 그 순간 밖에 있는 고양이 생각이 났다.

"아뿔싸, 우리 고양이!"

급히 달려가 현관문을 열고 보니 앞이 물바다였다. 고양이 두 마리는 물에 잠긴 제 집에 깊숙이 들어앉아 나를 빤히 올려다보고 있는데 완전히 물에 빠진 생쥐꼴이었다.

급히 물길을 터주고 집에 비닐을 씌운 다음 들어와 텔레비전을 켰다. 화면에서는 강물처럼 불어난 흙탕물에 집이 잠기고, 가축이 떠내려가고, 고목이 부러지고, 농작물이 쓸려 내려가고 있었다.

꿈꾸던 깨끗한 세상은 간데없고 온통 흙탕물로 뒤범벅이 되어 버린 황당한 모습으로 아수라장이 되어 있었다.

우르르 쾅, 천지를 뒤흔들며 쏟아지는 비는 비가 아니었다. 양동이로 쏟아붓는 폭포였다.

하늘은 마치 조금 전 그렇게 즐기던 나를 난타하기 위해 쏘아대는 화살처럼 세상을 후려치고 때리며 쓸어내고 있었다.

장난으로 던진 돌에 개구리가 맞아 죽었다고 했던가. 내가 즐기는 비 때문에 짐들이, 논밭이 그리고 가축이 쓸려가고 있다. 어쩌면 사람도 떠내려갔을지 모른다.

이건 비가 아니라 폭탄이다.

상반되는 세상이라고 하지만 내 즐거움이 돌변하여 사람 사는 세상을 이렇게 망가뜨릴 줄이야.

갑자기 이 모든 것이 내 탓인지도 모른다는 생각에 머리를 무릎 사이로 깊이 묻으면서 나는 계속 중얼거렸다.

"이제 그만, 제발 이제 그만!"

길상사의 꿈

오늘은 길상사를 다녀올까 한다. 내가 그곳에 가고자 하는 것은 법정 스님 때문도 아니요, 그분의 무소유 때문도 아니다. 신부님 강론을 통해서 그 절의 내력을 알게 되어 꼭 한번 가보고 싶었다. 법정 스님의 무소유와 기증자의 염원이 어떻게 담겨 있는지 그게 궁금한 것인지도 모른다.

해방 후 사모하던 한 남정네를 북녘땅에 빼앗기고 홀로 통한의 세월을 보내면서 운영했다는 대원각. 그곳은 요정이었다. 당대 내로라하던 정·재계 실세들이 드나들던 요정. 그곳이 법정 스님에 의해 '길상사'라는 절로 다시 태어났다. 이를테면 세상 풍파 다 겪고 태어난 절이라고 생각해도 될 것이다 .

길상사가 태어나던 날, 요정 여주인이던 이는 이렇게 말했다고 한다.

"저는 죄인입니다. 여인들이 옷을 갈아입던 저 팔각정에 맑고 우람한 범종이 울렸으면 좋겠습니다."

범종이란 무엇인가. 아귀들을 제도하고, 모든 중생들을 깨달음의 세계에 이르도록 불국정토로 인도하려는 부처님의 뜻이 담긴 종이 아닌가.

뭇벌과 나비들이 노닐던 곳에 맑고 청아한 부처님의 원음이 울리기를 바라는 여인은 하고 싶은 이야기도 많을 터인데 죄인이라는 짤막한 이 한마디만 했단다.

나는 그 말에 성경에도 법문에도 나오는 가난한 과부의 동전 한 닢을 생각했다. 왜 그랬을까. 가난한 과부의 동전 한 닢은 가난한 여인에게는 전 재산일 것이다. 그래서 천억이 가난한 과부의 동전 한 닢과 같은 함량으로 느껴진 것일까.

가난이란 무엇일까. 수도회에서는 아무것도 내세울 것 없는 가장 낮은 삶을 '가난' 이라고 한다. 모든 소유욕에서 벗어나 비로소 자유로움에 이르는 경지를, 그래서 수사님과 신부님들은 수도의 근본을 가난에 두고 생활하는 걸로 알고 있다. 불교에서의 비움이리라. 자신의 모든 욕망, 마음까지도 자신을 위해서 하나도 남겨 놓지 않는 냉혹한 화두를 말함이리라. 그 어려운 행위는 아무나 할 수 있는 게 아니다. 오직 백석의 시를 가슴에 품고 살았기 때문에 가능했을까.

어느 날 법정 스님의 법문에 감동한 그 여인은 천억이 넘는다는 이 거대한 대원각을 기증하기 위해 스님을 수없이 찾아갔었다고 한다. 기다리다 간청하고, 또 간청하다 기다리기를 팔 년, 결국 법정 스님은 네 분 스님의 이름으로 수락하였다는데, 법정 스님이나 그 여인이나 어쩌면 두 사람 다 이 세상 태어날 때부터 이미 사바세계의 사람은 아니었는지도 모르겠다.

그렇게 송두리째 시주하고도 '나는 죄인입니다' 라고 말할 수 있는 그 여인은 어떤 의미의 길상사를 생각했을까. 그래서 그 절을 꼭 가보리라 마음먹었다.

분명 어느 절과는 확연히 다르리라. 평생 무소유를 실천했던 스님이 아니더라도 죄인이라고 자처했던 그 여인의 깊은 뜻이 담긴 곳은 어떤 절일까.

일주문은 부처님의 세계로 들어가는 문이다. 길상사의 문도 활짝 열려 있었다. 이 문이 일심을 의미하는 일주문. 당대 실력자들을 향해 열려 있던 문이 이제 부처님의 세계로 들어가려는 수행자들을 향해서, 그리고 번뇌에서 해탈의 세계로 향하려는 많은 중생들을 향해서 열려 있는 것이다.

본래 있던 건물을 그대로 살린 채 절로 환원되었다는데 가는 도중 묵상하기에 좋은 작은 방들이 군데군데 보였다. 벽 곳곳에 어김없이 스님의 어록이 붙어 있었다. 문득 이래서 스님이 출판권을 꼭 쥐고 가셨구나, 그런 생각이 들었다. 자신이 없는 세상에서 덧없는 것에 날개를 달아주면 어쩌나, 밤에 잠이 오지 않으셨는지도 모른다.

한 바퀴 돌아보았다. 환란 속에 질펀하게 놀던 그 많은 중생을 제도하기 위해 그냥 절로 남기로 한 모양이다. 그래도 잊지 않고 여인의 공덕비는 한 곳에 세워져 있었다. 그 여인의 절절한 이야기는 물론 없었다.

이제 고령의 나이에 몸져 누워 있는 여인에게 한 기자가 가서 일문일답을 했단다.

"천억을 내놓고 후회되지 않으셨나요?"
"무슨 후회?"
"그 사람 어디가 그렇게 좋으셨나요?"
"천억이 그 사람 시 한 줄만도 못해."

백석 시 중에 그 자신이 일제 치하에서 모든 것을 박탈당하고 너무도 참혹해서 '나 혼자 몸도 너무 많은 것 같은' 비감함에 겨워 쓴 시의 아픔이 친억과도 비꿀 수 없는 무게로 그녀를 꽉 누르고 있었던 것은 아닌지.

세월이 지나면 더러는 무뎌지고 더러는 잊혀지기 마련인데, 그녀는 뼛속까지 저며 오는 시인의 고통을 되새김하면서 세월을 삭혔는지도 모른다. 살아생전 다시는 볼 수 없게 된 시인을 위해서 길상사는 많은 중생을 제도해 주고 이끌어 주기를 바라는 마음 간절했을 것이다. 그래서 이 절은 부처님의 자비가 풍성한 절이어야 했다.

2.
엄마의 일기

엄마 어디 있어?

갑자기 엄마가 없어졌다. 방금 여기 계셨는데….

"엄마! 엄마! 엄마 어디 있어?"

다급하게 사방을 둘러보았지만 엄마는 어디에도 없었다. 엄마! 엄마! 소리를 지르다가 눈을 떴다. 온몸이 땀으로 흠뻑 젖었다.

지금 내가 어디에 있는 거지? 여기가 어디지?

방금 본 엄마 외는 아무것도 생각나지 않았다. 그러다 서서히 정리가 되어 갔다. 꿈을 꾼 것이다.

젊고, 화사한 엄마 모습, 내가 초등학교 때의 엄마 모습을 방금 본 것이다. 엄마는 우리 남매 앞에선 언제나 당당하고 씩씩했다.

그러자 갑자기 모든 것이 와르르 무너지는 것을 느꼈다. 엄마는 지금 보훈원에 계신다. 젊고 당당하던 우리 엄마는 애지중지하던 외아들을 잃고, 지금은 파파 할머니가 되어 보훈원에 계신다.

갑자기 엄마의 삶이 얼마나 덧없고 허망한지, 그 생각이 들면서 가슴이 먹먹해 온다.

엄마 계신 곳

여기는 보훈원이다.

나는 이곳에 오려면 마음부터 천근이 된다. 엄마가 이곳에 계신 자체가 그렇고, 기동을 못하시는 엄마를 보는 것이 그렇고, 그래서 여기만 오면 밖에서 한참 멍하니 서 있다가 들어오곤 한다.

형제라도 있으면 같이 올 터인데, 나는 혼자다. 아무리 시설이 잘 되어 있고 국가에서 잘해 준다 해도 시설은 시설이다.

한참 머뭇거리다가 방에 들어서니 간병인 몇 사람이 엄마 주변에 모여서 머리 이야기를 하고 있는 중이었다.

"할머니, 내 머리는 어때요, 너무 짧지 않아요?"

간병인 한 사람이 돌아서서 엄마에게 머리를 흔들어 보인다.

"좋구만."

엄마는 한 사람씩 머리 평을 해 주고 있었다.

엄마는 일생 동안 미용업으로 우리 남매를 키우신 분이다.

어린아이가 되어 가는 나날

갑자기 방을 바로 옆방으로 옮기셨다. 함께 있던 할머니 때문이라고 한다. 그 할머니는 우리 엄마와 전화를 같이 쓰고 계셨다.

하루는 그 할머니의 딸에게서 전화가 왔다. 마침 그 할머니가 주무시기에 다시 하라 하고 끊은 적이 있다고 한다. 그 일로 그 할머니가 매일 우리 엄마에게 시비를 거신 것이다.

"일일이 대꾸하기도 귀찮아 방을 옮겨 달라고 했다."

이 방에도 네 분이 계신다. 세 분의 침대는 한편에 나란히 있고 우리 엄마 침대는 창가에 혼자여서 냉장고도 전화도 혼자만 쓸 수 있게 되어 있어 다행이라 하셨다. 그래서 전화요금, 전기요금은 이제 걱정 안 하셔도 된단다.

나이 먹으면 어린아이가 된다는 말이 꼭 맞다. 두 분 할머니가 우리 엄마 냉장고와 전화를 함께 쓰신 일로 우리 엄마는 걱정이 태산이었다. 그분들이 쓰시는 요금을 당신 혼자 다 문다고 생각하신 것이다.

매달 전기, 전화요금 때문에 어느 때는 밤을 꼬박 새셨다며 이른 아침에 전화가 온다. 상우에게 전화요금이 얼마나 나왔는지 물어보란다. 전화가 우리 큰아들 이름으로 등록되어 있다.

그동안 요금 때문에 그리 걱정이 많았는데, 이제 절로 해결된 셈이다.

엄마의 기도

아침에 목욕을 하셨다는데 엄마의 하얀 머리카락이 모두 곤두선 채로 말라 정말 하얀 밤송이같이 부풀어 있다. 물수건으로 한 올 한 올 가라앉히니 엄마 얼굴이 금세 말쑥해 보인다. 원래 얼굴빛이 맑고 깨끗한 분이다.

"큰일이다."

"무엇이?"

"빨리 죽어야 할 텐데 죽을 기미가 통 보이지 않으니…."

"엄마, 그게 무슨 소리우?"

"아픈 데는 없지만, 네가 나 때문에 너무 힘들어서…."

“아니, 나 힘 안 들어. 엄마 때문에 힘든 일 하나도 없어. 여기서 다 해 주잖아. 그러니까 빨리 가실 생각일랑 안 하셔도 돼.”

“너만은 백 살까지 살라고 매일 기도한다.”

“엄마! 백 살까지는 너무했다.”

나는 내가 구십이 훨씬 넘을 때까지 살면 어쩌나 걱정인데, 우리 엄마는 욕심도 많으시다.

그렇지 않아도 우리 집 수명이 여자 쪽이 훨씬 길다. 외증조 되신 분은 육이오를 겪으면서도 팔십을 넘게 사셨고, 그분 딸인 외할머니도 허약하셨지만 팔십 넘게 사셨다. 우리 엄마도 구십은 훨씬 넘었으니 장수라면 장수하신 것이다.

그런 피를 물려받은 나는 아무리 짧게 잡아도 팔십이 아니라 구십 넘어까지 너끈히 살 것 같아 걱정이 태산인데, 거기다 기도까지 해 주신다니 이를 어쩌면 좋아.

자식은 부모의 애물단지

"우리 엄마 오늘 기도 얼마나 하셨슈?"

나는 돌아가신 외할머니 외할아버지를 위해 기도하시라고 몫을 정해 드렸다.

처음에는 매일 아침저녁으로 묵주 신공을 하셨다. 아침에는 부모님께, 저녁때는 우리 애들을 위해서 하신다고 했다. 큰아들이 결혼하자마자 임신을 하고 두 내외가 할머니에게 인사를 드리러 왔다.

"내 기도를 그렇게 잘 들어주셔서 하느님이 얼마나 고마우신지."

그러던 분이 이제는 약식으로 조금만 하신단다. 기도

도 힘이 드신 것이다. 그래도 내 다리 아픈 것은 매일 기도하신다고 한다. 내 얼굴만 보면 먼저 다리 어떠냐고 물으신다.

"엄마가 기도해 주어서 다 나았어."

"그래도 다시는 아프지 말아야지."

"이제 안 아파. 아프지 않으니깐 걱정 안 해도 돼."

그래도 어느 땐 다리 아픈데 그만 다니라고 당부하신다. 나이가 아무리 많아도 자식이란 부모 앞에선 걱정거리인가 보다. 내 다리 걱정 제일 많이 하는 사람도 역시 우리 엄마다.

요즈음은 성모송의 첫 문장을 자주 잊으신다. 그 염불 어떻게 시작하냐고 전화로 물으신다. 원래 절에 다니셨는데 어디서 들으셨는지 가족이 종교가 통일되어야 딸이 편해진다는 말씀을 듣고 이내 가톨릭으로 옮기셨다. 그래서 묵주 대신 염주라고 하고 묵주 신공을 염불이라고도 하신다.

"엄마, 성모님, 예수님만 불러도 돼."

나는 석가모니불은 자신을 다스리는 기도라면 성모님의 기도는 은혜를 청하는 기도라고 생각한다. 석가모니

불을 매일 천 번씩 하셨던 분이니까 그 마음으로 성모님, 예수님을 찾으시면 엄마의 오랜 슬픔도 자연 치유될 수 있지 않을까, 그런 생각에서다.

한번은 휠체어로 일층을 한 바퀴 돌고 나서 조용한 곳에서 수필을 읽어 드렸다. 지그시 눈을 감고 들으시다가 갑자기 눈을 번쩍 뜨고 사방을 두리번거리며 누구를 찾으셨다.

"엄마 왜? 누굴 찾으시는데?"

"방금 지장보살님이 와서 책을 읽어 주었는데 어디 가셨지?"

엄마는 보살님이라 하는데 나는 꿈에 성모님이 오셨구나, 그런 생각을 했다. 아픔을 제일 먼저 위로해 주고, 한 사람이라도 고통의 굴레에서 벗어나도록 도와주려는 마음은 성모님이나 보살님이나 한 치의 차이도 없을 것이지만 말이다.

아들은 아들이었다

나는 엄마를 '할머니'라고 불렀다. 할머니는 손자들이 부르는 우리 엄마의 호칭이다. 엄마라고 부르기에는 그렇게 살가운 딸이 못 되어서인지 할머니라고 부르는 게 편했다.

그런데 언제부터인가 나도 모르게 '엄마'라고 부른다. 엄마라고 부르니 훨씬 좋다. 이 나이에 아직도 엄마라고 부를 수 있는 어머니가 계신 것도 행운이고, 엄마 소리 할 수 있는 것도 복이다.

아버지는 칠공주의 외아들이었고, 엄마는 육남매 중 고명딸이었다. 그런 환경의 차이 때문이었을까, 두 분의 결혼생활은 처음부터 평탄치 않았던 것 같다. 결국 남편과 헤어진 엄마는 어린 나를 업고 동생은 배에 안고 친정으로 돌아왔다. 친정에서 동생을 낳고, 그 동생을 친정어머니에게 맡기고, 그때부터 엄마는 생활전선에 뛰어들었다.

그렇게 헤어진 아버지를 처음 만난 것은 동생은 중학교, 나는 고등학교 들어갈 무렵이었다.

한참 재롱을 부리던 두 살배기 딸과 헤어진 아버지는 해방 후 고향에 와서 딸을 찾다가 혹시 고아원에 버려지지나 않았을까 해서 전국에 있는 고아원을 다 뒤지고 다녔다면서 나를 보자 펑펑 우셨다.

그런데 나는 덤덤했다. 아버지 없이 자라서인지 우는 아버지가 낯설기도 했고 거북하기도 했다. 하지만 아들은 달랐다. 동생은 아버지를 보자 신이 난 듯했다. 동생을 보면서 저래서 모두 아들, 아들 하는구나 생각했다.

아들 집

방에 들어서자마자 엄마는 꿈을 꾸는 것처럼 허공을 보고 계셨다.

"엄마, 뭘 그리 생각하우?"

"그냥."

간병인들이 들여다보면서 말도 걸고 우스갯소리도 한다지만, 옆에 가족도 없고 마음대로 다니지도 못하는 그 쓸쓸하고 적막함이란 말할 수 없을 터인데, 엄마 표정이 밝아 보이면 도리어 마음이 더 아프다.

우리 엄마는 평소에 나에게 무엇을 요구한 적이 없다. 싹싹하고, 부드럽고, 나소곳하기만 하면 이 세상에서 더 바랄 게 없으셨을 것이다. 그런데 나는 그러질 못했다.

동생이 떠나자 모든 것을 다 접고 엄마 옆에 있어야지 생각은 그랬지만 실제는 그러지 못했다. 열 자식 부럽지 않게 잘해 드려야지 하는 것도 마음뿐, 항상 코드를 못 맞춰 엄마를 더 외롭고 더 쓸쓸하게 했다.

어느 날 엄마는 똑같이 자식 잃은 엄마 네 분과 함께 이곳 보훈원에 들어오셨다. 딸만 있는 네 분은 이곳을 아들 집이라 마음을 정하신 것 같다. 나는 그런 엄마에게 화 먼저 냈다. 살아 있는 딸 체면은 조금도 생각지 않는다고 머리끝까지 화를 냈다.

그러나 네 분이 서로 의지하며 사시는 동안 더 좋을 수도 있다는 것을 알았다. 아픔을 나눌 친구가 엄마에게는 더 필요했을 것이다. 이제 그분들은 다 돌아가시고 안 계신다. 그 후유증인지 엄마도 기동을 못하고 침대에만 계신다.

옛날 우리 남매가 어렸을 때 어디 가서 물어보셨다고 한다. 착한 아들을 제쳐놓고 딸이 효녀라고 했단다. 엄마도 코웃음 칠 일이었을 것이다. 나는 원래 나밖에 몰랐고 특히 엄마에게 사근사근한 딸은 처음부터 아니었다.

아들은 누가 봐도 착하고 듬직한 아들이었다. 착한 사람은 먼저 가게 돼 있는 것인지 착한 아들은 엄마 앞에 먼저 갔다. 아들 대신 까칠한 딸은 지금 여기 이렇게 엄마 옆에 있다. 자식이란 존재는 부모 옆에 있다는 그 자체가 효도인 모양이다.

일전에 '한국 여성이 왜 강한가' 라는 신문기사를 본 적이 있다. 기구한 우리 역사 속에 굵직굵직한 난임진왜란, 병자호란, 청일전쟁, 일제 36년, 한국전쟁을 열거하면서 그 때마다 남정네들을 전쟁터에 보낸 어머니들은 남은 가족을 위해서 강해질 수밖에 없었다는 이야기가 나온다. 그 강한 인자가 오늘날 강한 여인으로 이어진 것이 아닌가 하는 내용이었다.

우리 엄마가 그 표본일 것이다. 두 할머니, 우리 두 남매, 삼촌댁과 삼촌댁의 어린 두 아들, 이 모든 가족을 챙기며 전쟁 중에도 무사히 살아남을 수 있었던 것도 우리 엄마의 놀라운 기지와 노력 때문이었다.

동생이 자라면서 엄마의 그 강한 의지와 담력을 어찌 물려받지 아니했다 할 수 있겠는가. 4·19 그날의 행동도 엄마의 강한 정신을 물려받았기 때문이 아니었을까.

가장 잔인한 엄마의 하루

학교에서 집에 오면 미장원에서 엄마가 해 주신 밥을 찬이 있건 없건 게 눈 감추듯 먹어치우던 동생은 한창 먹성이 좋은 고3이었다.

4월 19일, 그날도 엄마는 동생이 학교에서 오면 주려고 따뜻한 밥을 해서 고등어 한 마리를 조려 놓고 기다리는 중이었다. 동생이 오지 않자 시위가 마무리될 무렵 내가 있는 집으로 오셨다.

"애야, '기태' 가 아직 안 왔다. 웬일인지 모르겠다."

엄마와 함께 동생을 찾으러 나왔을 때는 길로 쏟아져 나왔던 학생들도 다 해산하고 차도에는 구경 나온 사람들로 붐빌 때였다. 나는 엄마를 모시고 종로에 있는 삼촌댁으로 갔다.

조금 전 성난 학생들의 포효로 무거웠던 공기가 말끔히 씻긴 듯 종로 거리는 청청하기까지 했다. 나는 학생들의 함성을 들으면서도 아직 어리게만 본 동생은 삼촌댁에 있을 거라고 생각한 것이다.

그런데 동생은 그곳에 없었다. 그러면 학교와 가까운 작은댁에 갔을지도 모르겠다며 다시 정파농 쪽으로 가다가, 그동안 동생이 미장원에 와 있을 거라며 엄마를 그냥 들어가시게 했다. 그리고 나는 내 사는 집으로 돌아왔다. 나는 평소에도 동생에게 그렇게 대충이었다. 그 형벌을 지금 받고 있는 것이다.

다음 날 새벽 엄마가 삼촌들과 함께 내게 오셨다. 동생이 병원에 있단다. 청천벽력 같은 소리였다.

우리는 바로 병원으로 갔지만 경찰들이 총을 들이대며 못 들어가게 막는 통해 나만 틈을 타 병실로 뛰어올라갔다. 병실은 4층이었던 것으로 기억한다.

병실로 들어가려는데 한 학생이 나오면서 나를 가로막는 자세로 문 앞에 섰다. 학생은 키가 컸고 몸집도 컸다.

그래서 내 눈은 그 학생을 피해 병실 안을 훑어보면서 들어가려는데 낯선 부인이 걸어 나왔다.

"그 학생 지금 여기 없어요."

"……."

"어젯밤 영안실로 갔어요."

나는 학생을 쳐다보았다.

"이게 무슨 소리야?"

학생은 고개를 숙이고 아무 말도 못했다.

"이게 무슨 소리냐고 학생?"

그리고 나를 붙드는 학생의 손을 뿌리치고 뛰기 시작했다. 아래층에서 엄마의 통곡소리가 들려왔다. 삼촌들이 쓰러지려는 엄마를 붙들고 있는 게 보였다.

'이건 아니야, 절대 아니야!'

나는 그대로 아래층으로 뛰어내려갔다. 동생은 영안실에 없었다. 누군가가 말했다. 방금 뒷마당으로 갔다고. 뒷마당으로 달려가니 무엇인가 들것에 실려 앰뷸런스로 옮겨지고 있었다. 순간 동생이란 직감이 왔다.

"기태야!"

부르며 달려가는데 경찰 두 사람이 나를 개머리판으

로 밀어냈다. 내가 바닥에 내동댕이쳐지는 순간 앰뷸런스는 쏜살같이 문을 빠져나가고 있었다.

그로부터 이 병원 저 병원을 찾아다니다가 이틀이 지나서 싸늘한 동생의 시신을 찾아냈다.

그해는 유난히 산에 꽃이 많이 피었다. 동생의 슬픈 운명을 꽃들은 이미 알고 있었던 것일까. 어른들은 꽃이 만발한 앵두나무밭 한가운데에 차디찬 동생을 가매장했다. 가엾은 우리 엄마는 홀로 키운 그 아들을 이렇게 차디찬 땅에 묻으신 것이다. 이것이 이승만 독재가 우리 엄마에게 한 행동이었다.

뒤에 안 일이지만, 4월 19일 바로 그날 동생이 학우들과 함께 부정선거의 장본인인 이기붕 집 앞에서 '부정선거 타도'를 외치고 있을 때, 나는 그 시각에 평소에 까다롭기로 유명한 강의가 휴강이라 신이 나서 친구들과 함께 떠들며 교문을 나서고 있었다. 동생이 병원으로 실려갈 무렵에는 데모 군중을 피해 삼청동 가정교사 하는 집으로 들어가고 있을 때가 아니었나 싶다.

한 핏줄에서 나온 한 가지가 전혀 다른 운명에 처해 있었는데도 한 핏줄인 다른 한 가지는 전혀 몰랐다는 이

터무니없는 현실을 어떻게 받아들여야 할지, 너무 기가 막혀 나 자신과 함께 세상 모든 것을 싸잡아 두 손아귀에 쑤셔넣고 가루가 될 때까지 짓이기고 짓이겨 시궁창에 내동댕치고 싶은 충동에 목에서는 꺼억꺼억 소리만 났다.

그날 밤부터 초주검이 된 엄마를 옆에 두고 우리 가족은 모두 밤을 새워야 했다. 우리 집은 산중턱에 있는 외딴집이었다. 경찰과 깡패들이 마음만 먹으면 언제 어느 때 우리를 해치울지 모른다고 생각한 것이다.

할머니, 삼촌 세 분, 삼촌댁 그리고 나, 이렇게 우리 식구는 산 사람은 살아야 했기 때문이었을까, 아니면 우리도 동생처럼 비참하게 죽임을 당할지도 모른다는 공포 때문이었을까. 크고 작은 돌들을 방에 수북이 쌓아 놓고 밤을 지켰다.

데모대가 벌써 광화문에 있는 맥아더 장군에게 꽃다발을 걸어 놓았다지만 일부는 데모한 학생들을 북한의 사주를 받은 빨갱이라고 떠들고 있었던 것이다. 그때는 종북이란 말 대신 빨갱이라는 말을 썼다. 우리는 몇 밤을 그렇게 지냈다. 그것밖에는 다른 도리가 없었다.

이승만에게 이기붕은 어떤 사람이었던가. 오른팔 중의 오른팔이요, 장남인 아들까지 바친 최측근 중의 최측근인 이기붕 가족이 아들 손에 모두 살해되었는데도 눈 하나 깜짝 않던 이승만이 뒤이은 거국적인 대학교수들의 데모에는 결국 손을 들고 하야를 발표한 것이다. 그 발표를 듣고야 우리는 비로소 돌을 방에서 치웠다.

4·19 바로 그날, 데모가 끝나자 학생들은 모두 가방을 들고 집으로 돌아갔다는데, 그래서 가방 둘만 책상 위에 덩그러니 남아 있었다는데 학교에서는 아무 연락도 해주지 않았다.

경찰들은 동생을 업고 병원으로 들어간 학생을 잡기 위해 밤새도록 병원을 뒤지고 다녔다고 한다. 심지어 환자 침대 밑까지 뒤지는 통에 간호사와 환자들이 그 학생을 숨기려고 밤새도록 숨바꼭질을 했단다. 그 학생이 바로 내 동생을 병원으로 업고 갔던, 그리고 내가 병실에 도착했을 때 병실 문을 가로막고 섰던 그 학생이었다. 그 학생도 외아들이었다.

나는 까맣게 늘어선 학생들에게 총을 겨누며 중앙청 앞에 섰던 경찰들을 똑똑히 기억한다. 내가 삼청동 집에 들어서려 할 때 내 등 뒤에서 들려오던 총소리도 똑똑히 기억한다.

그래서 가끔 생각해 본다. 그 경찰들, 병원에 들어가려는 우리에게 벌겋게 혈안이 된 눈알을 굴리며 총부리를 들이대던 그 경찰관들, 동생의 시신에 접근도 못하게 나를 개머리판으로 내동댕이쳤던 살기등등한 그 경찰관들, 그들은 지금쯤 어디서 무엇을 하며 살고 있을까 하고.

아픔

우리 집 식탁 위에 성모님이 예수님을 만나는 그림이 있다. 성난 군중 속으로 내몰린 아드님이 십자가를 지고 죽음의 길로 걸어가다 어머니를 만나는 그림이다. 머리에는 가시관을 쓰고 온 얼굴에 피를 흘리며 걸어가는 아들을 만난 성모님은 그 아들 가슴에 얼굴을 묻고 있다.

우리 엄마 아들도 세상에 태어나서 잘못한 점이라고는 손톱만큼도 없는 그야말로 순수한 어린 양인 외아들이었다. 그 외아들이 자기 욕심만을 채우려는 무리들로 이지덥혀지고 있는 한 시대 한가운데에 서 있었던 것일까.

외롭고 힘든 홀어머니 밑에서 살아온 외아들, 온몸을 조여드는 힘든 나날을 가슴에 묻고 두 자식만을 바라보며 외곧게 살아온 우리 엄마를 세상은 무엇 때문에 그렇게 잔인하게 할 수밖에 없었을까. 예로부터 악이 만연하면 순수한 어린양이 재물로 바쳐졌다는 어느 시대 이야기처럼 어지러운 세상 때문에 순수한 엄마의 외아들이 그렇게 꼭 필요했던 것일까.

이승만의 3 · 15부정선거를 타도하는 함성이 마산을 기점으로 들불처럼 전국에 번지면서 서울까지 입성하던 4월 19일 그날, 5 · 16이 그토록 구국적 거사였다던 박정희 소장은 그때 어디서 무엇을 하고 있었을까. 나는 그게 항상 궁금했다.

만약 이승만이 그때 하야로 물러나지 않았으면 지금쯤 우리는 어떻게 되었을까. 이승만은 영원히 국부인 대통령으로 이 세상에 남았을 것이고, 수유리에 묻힌 영령들은 아마 대한민국을 반역한 폭도로 몰리면서 그 가족들은 빨갱이라는 이름하에 이 사회에서 완전히 매장되었을 것이다. 그런데 이상한 것은 박정희를 신주처럼 모시는 사람들이 이승만을 지금도 국부로 추앙하고 있으니 이런 역사를 우리는 어디서부터 풀어야 하는 것일까.

대한민국은 예로부터 동방예의지국이라 했다. 그래서 일 것이다. 국민에게 쫓겨났거나, 독재를 했거나, 부정축재로 법정에 세워졌거나, 대통령은 여전히 대통령인지 지금도 전 대통령이라는 호칭에는 한 점의 주저함도 없이 불려지고 있다. 그래서 그 자리에 한번 올라가면 죽어도 놓지 않으려고 아우성치는지도 모르겠다.

나는 더러 그런 생각을 해 본다. 언젠가는 이들 모두가 깨끗하고 신성한 국립묘지에 다 모일 것이다. 그래서 세계사에 유례없는 적과의 동침이 되겠지.

김구 선생님은 살아서도 독야청청이시더니 돌아가셔서도 독야청청이시다. 역시 훌륭한 애국지사는 무엇이 달라도 다른 것 같다. 우리나라의 앞날을 훤히 꿰뚫어 보신 것이리라

아마 하늘은, 하늘에 계신 분은, 육욕으로 얼룩진 육신을 다 벗어 버렸으니 이제 서로 화해하라, 그런 뜻에서 국립묘지에 다 모이게 할지도 모르겠다. 뭐 그런 것 아니겠는가.

회한

내가 옆에 와 있는 것도 모르고 엄마는 흐느끼며 울고 계셨다.

"엄마 왜, 왜 그래 엄마?"

그때야 엄마는 얼굴을 들고 나를 보시더니 더 흐느껴 우셨다. 내가 쓴 수필집을 읽고 계시던 중이었다.

"내가 너희들을 너무 고생시켜서 가슴이 아프다."

머리 좋고, 인물 좋고, 학벌까지 좋다는 삼촌들은 어찌 된 일인지 일생 직업 없이 사셨다. 결국 집은 언제든 마음만 먹으면 또 살 수 있다며 우리 집을 팔고 시골 외가의 작은 초가집과 합해서 지금의 세검정 집과 땅을 샀다.

처음에는 삼촌들이 그 땅에서 양계를 시작했다. 병이 돌자 닭들은 한순간에 죽어 나갔다. 다시 시작했지만 또 실패를 했다. 식구는 많고 우리는 어리고, 자연 엄마가 모든 것을 짊어져야 했다.

내가 고등학교 다닐 때일 것이다. 삼촌 한 분이 국회의원에 출마했다. 그때 엄마가 그 삼촌 물주 역을 하셨다. 삼촌은 낙선했다. 그 일로 엄마는 경제적으로 크게 타격을 입었다.

엎친 데 겹친 격으로 미용업은 점점 사양길에 접어들어 집은커녕 미용사 월급 주기도 어려운 형편에 이른 것이다.

엄마가 가장 힘들었던 때가 내가 대학에 갈 무렵이었던 것 같다. 나는 대학을 합격해 놓고 등록금 때문에 포기해야 할 상황에 이르렀고, 먹성 좋은 동생은 한창 클 나이에 더 어려워진 외가에서 근근이 살 수밖에 없었다.

단지 우리가 어리다는 이유로 친정과 합친 것이 엄마에게는 일생일대 가장 큰 실수였던 것 같다. 그때의 기억이 지금도 엄마를 힘들게 하는 가장 큰 아픔이 아닌가 싶다.

내가 가정교사로 나와 있을 때부터 동생과 만나는 일이 드물었다. 어쩌다 한 번 만나면 동생은 몰라보게 달라져 갔다. 얼굴엔 여드름 꽃이 피고 손아귀는 큼직하게 여물어 가고 몸은 어른처럼 거대해져 갔다.

개학하기 전 어느 날 내가 있는 집으로 동생이 찾아왔다. 그때 동생이 얼마나 많이 변했던지 가슴이 뿌듯했다.

'우리 엄마, 고생 다 하셨네.'

경제적으로는 가장 힘든 때였지만 아들만 보면 모든 시름이 씻은 듯 사라지셨을 것이다. 특히 동생은 나와 달라 엄마 말씀에 토를 다는 법이 없었다. 무조건 "네" 했다. 그런 아들이 엄마에게는 최대의 힘이요 위안이었음은 자명한 일이다.

집 앞에 높다란 바위가 있다. 그 위에 올라서면 세검정 일대가 한눈에 내려다보인다. 동생은 그 바위에 올라가 하모니카를 즐겨 불렀다. 동생이 자라면서 하모니카 실력도 같이 자라는지 그 절묘한 소리는 정말 들을 만한 정도가 아니었다. 아주 썩 잘 불렀다.

동생이 간 지 반백 년이 넘었지만 아직까지 그렇게 잘 부르는 하모니카 소리를 들어보지 못했다. 하늘나라

가서도 지상에 남은 엄마를 위해 그 하모니카를 여전히 잘 부르고 있을까.

아들 간 지 반백 년이 지난 오늘까지도 가슴속에 절절히 남아 있는 그때 그 공백 같은 삶이 엄마를 지금도 고통스럽게 하는 것인지, 그럴 때면 큰조카를 만나서 무슨 말이라도 하고 싶다며 큰조카를 찾으신다.

오늘 아침에도 벌써 세 번째 전화다. 큰삼촌도, 할머니도 이젠 다 돌아가시고 큰조카 나이도 육십이 넘어 칠십을 바라본다. 지금 옛날이야기를 해 본들 무슨 소용이 있겠는가만은 아들과 한집에서 살지 못하고 떠나보낸 그 한을 몇 마디 말이라도 해서 풀어 보고 싶으신 것인가. 큰조카에게 한마디만이라도 꼭 해야 눈을 감을 것 같다며 찾으신다.

엄마의 하루하루가 그렇게 현재는 없고 구구절절 과거만 살아 있다는 것을 누가 알겠는가. 언젠가 꿈에 아들이 여전히 교복을 입고 있다며 가슴 아파하셨다. 그렇지 않아도 엄마는 동생만 생각하면 가슴이 아프시지 않은 곳이 없는 분인데.

그래서 양복과 와이셔츠, 구두 등을 준비하여 옛날에

동생 제를 지냈던 소림사에 갔다. 옛날처럼 제를 다시 지내고 모두 태워 보냈다. 이제 그만 놓아 주시고 잊으셨으면 좋겠는데, 몸도 마음도 하얗게 바랜 엄마는 내 수필집을 내려놓고도 계속 흐느끼고 계셨다.

엄마는 빨간등

어젯밤 엄마 음성이 다른 때와는 달랐다. 힘도 없어 보이고 좀 떨리는 듯하기도 했다. 엄마는 내게 항상 빨간등이다. 음성이 조금만 이상하다 싶어도 가슴이 철렁한다. 그래서 급하게 보훈원으로 갔다.

엄마가 안 계셨다. 놀라서 두리번거리는데 간호사가 웃으며 극장 구경 가셨단다. 그제야 안심이 되었다. 틀니를 빼고 전화하셨던 모양이다.

극장은 일층에 있었다. 보는 사람은 그리 많지 않았지만 휠체어에 앉아 김영림의 창을 듣고 계셨다. 시작한 지 오래되었는지 조금 있으니 끝이 났다.

우리의 창은 언제 들어도 속이 확 트인다. 엄마도 속이 후련하시단다.

나온 김에 공원을 한 바퀴 돌기로 했다. 햇볕이 따가웠다. 따가워도 좋으시단다. 그늘만 찾아다니며 공원을 한 바퀴 더 돌았다. 이런 때는 안 읽은 수필집을 가져와 읽어 드린다. 그러나 오늘은 방으로 바로 들어왔다. 그늘만 찾아도 여전히 볕이 따가웠다.

조금 있으니 미술 치료 시간이란다. 문 앞 홀에서 한다. 미술 치료라지만 손동작을 하기 위한 놀이다. 옆에 와서 같이 하자고 하시는데 시간이 많지 않았다. 며칠 전 산 옷을 바꾸려고 나온 김에 가지고 왔던 것이다. 그곳에 들르자면 곧 출발해야 한다. 어쨌든 걱정스러운 일은 없어 다행이다.

전에는 안 그러셨는데 요즈음은 모든 놀이에 적극적으로 참여하려 하신다고 간호사가 넌지시 귀띔해 주었다. 다행이다. 건강하시다는 증표다. 나는 다시 기차를 타고 부지런히 왔지만 상가는 이미 문을 닫은 뒤였다.

엄마 자리 딸 자리

오늘은 엄마가 보훈병원에 오시는 날이다. 보훈원에서는 진료를 받으려는 분들을 모시고 일주일에 두 번 보훈병원으로 버스가 온다. 그 차에 오시는 것이다. 나는 미리 가서 기다려야 했지만 오늘은 좀 늦었다. 봉사자가 엄마를 모시고 먼저 검진을 받으러 신경과에 가 있었다.

이곳 병원 건물은 노후한 데다 좁아 아주 불편했는데 새 건물로 옮기고는 휠체어로 다니기가 한결 편해졌다.

내과에서 검진을 받고 안과로 갔는데 사람이 많아 좀 기다리고 있었다. 그런데 엄마의 손수건이 자꾸 눈으로 가고 있었다. 처음에는 눈을 닦는 줄 알았다. 그런데 아니었다.

"엄마, 울어? 왜에?"

엄마는 한참 만에 대답하셨다.

"네가 혼자라고 생각하니 자꾸 눈물이 난다."

왜 그런 생각을 하셨을까.

"엄마, 나 혼자 아니야. 애들 아버지도 있고, 아들 딸 다 있잖아."

그것을 엄마가 왜 모르겠는가.

동생이 살아 있을 때 사람들은 우리 남매를 비둘기 같은 남매라고 했다. 그 남매는 언제나 엄마의 자랑스러운 오른팔이고 왼팔이었다.

동생이 간 지도 벌써 반백 년이 지났다. 엄마는 나를 보면, 아들 잃은 아픔 위에 혼자 남은 딸까지 아파하시니 우리 엄마의 슬픔의 고리는 끝이 없는 것 같다.

나도 내 이름 석 자 밑에 아린 자리를 의식할 때가 많다. 누나라고 부르는 그 자리는 영원히 빈자리다.

우리 집에 예쁜 인형이 하나 있다. 셋째가 학생 때 친구들로부터 생일 선물로 받은 인형이다. 인형 아가씨는 제자리에서 음악에 맞춰 예쁘게 빙빙 돈다. 두 손녀는 엎드려 그 인형이 돌아가는 것을 들여다보며 잘 논다.

"언니, 인형이 자꾸 가서 얼굴을 볼 수가 없잖아."

네 살 동생이 불평을 하자 다섯 살인 언니가 타이른다.

"가만히 기다려 봐. 그러면 다시 인형 얼굴이 네 앞으로 가."

"알았어."

누가 제일 예쁠까 물으면 "언니가" 하고 언제나 동생이 언니를 가리킨다.

한번은 간식을 똑같이 나누어 주었는데 언니가 먼저 제 몫을 다 먹고는 동생 먹는 것을 보고 "나 또 먹고 싶다" 그러자 동생이, "할머니, 이 과자 둘로 나누어 주세요" 하며 겨우 네 살짜리가 손에 든 과자를 내게 내미는데 어찌나 예쁘던지.

내게 두 형제를 둔 사촌 동생이 있다. 형제 중 동생이 어느 기업에 면접을 보러 갔다. 가장 존경하는 인물을 묻자 그 동생은 거침없이 '우리 형입니다' 라고 대답했단다.

그 동생은 두 살 위인 형을 평소에도 이 세상에서 가장 존경한다고 말해 왔던 청년이다. 이 돌연한 대답으로 회사에선 회의까지 하였다는데, 집에서는 면접하는 자리에서 그렇게 대답하면 어떻게 하느냐고 부모에게 걱정까지 들었다는데, 그 동생은 결국 그 재벌 회사에 합격하여 지금까지 잘 다니고 있다.

이 세상에서 무지개보다도 더 아름다운 것이 있다면 그것은 형제애일 것이다.

나는 동생을 그렇게 귀하게, 그렇게 따뜻하게 한 번도 사랑해 본 적이 없다. 언제나 나만 알았고 무엇이나 내 뜻대로 했다. 그리움으로 가득해지는 요즘 그런 형제애가 왜 그리 부럽고 감동이 가는지. 이제라도 동생만 있어 준다면 마음껏 사랑할 것 같은데. 혹여 엄마가 그런 내 마음을 짐작하신 것일까.

진료가 끝나면 엄마를 수원으로 가는 보훈원 차에 앉아 계시게 한 다음 나는 건너편 천호역까지 가는 버스를 타기 위해 반대 방향으로 걸어간다. 모녀는 그렇게 따로따로 헤어져야 할 운명처럼 각자의 버스에 실려 떠나는 것이다. 이런 날이면 내 마음도 착잡해 나야말로 자리에 앉으면 자꾸 눈물이 난다.

셀 수 없는 세월

기도를 잊으신 지 이미 오래되었다. 전화로 "얘야, 염주 어떻게 시작하니?" 하고 물으시던 때도 과거가 되어 버렸다.

"다리 어떠니?" 물으시던 것도 잊은 지 오래다. "그냥 성모님, 성모님만 부르셔도 기도예요" 하던 것도 이미 지난 이야기가 되어 버렸다. 음성도 점점 잦아들어 잘 알아들을 수가 없다.

삼촌 한 분이 몇 년 전 돌아가실 즈음 두 달여 이상을 말 한마디도 못하다가 돌아가셨다. 입술은 움직이는데 소리가 나오지 않았다. 못하는 것이 아니라 말을 하는데 우리가 알아들을 수가 없었다. 목소리가 퇴화되고 있었던 것이다. 지금 우리 엄마에게도 그런 증상이 시작되는 것 같다. 그래서 대화가 점점 힘들어지고 있다.

신기한 것은 간병인들이나 간호사는 엄마 입술만 보고도 무슨 말인지 대충 알아듣는데, 자식인 나는 엄마 입술에 귀를 바싹 들이대며 묻고 또 묻는다. 그래서 하나 둘 세기를 시작했다.

산책할 때면 엄마와 같이 노래를 부른다. 그러면 목소리가 조금 트이는 것 같다. 엄마가 예전에 좋아하시던 흘러간 노래, 특히 이난영의 '사공의 뱃노래'를 좋아하신다.

엄마도 한때 이난영같이 되는 꿈을 꾸셨다고 한다. 아마 아버지를 만나지 않았더라면 이난영 같은 가수가 되었을지도 모른다. 그 노래를 부른 지 오십 년도 넘은 지금 부르시는 것이다. 신기하게도 가사를 거의 잊지 않고 계셨다.

나는 곡은 알고 엄마는 가사를 대충 알고 그래서 서로 맞추어 가며 노래를 부른다. '사공의 뱃노래' 부르다 다음 가사는? '가물거리며', 또 다음 가사는? '삼학도 파도

깊이' 그렇게 모녀는 몇 번이고 부르고 또 부른다.

나도 가곡을 부를 때면 예전처럼 고음은 내지 못하면서도 속으로는 마치 성악가처럼 부르듯이, 지금 엄마도 소리는 나오지 않지만 젊었을 때 부르던 그 기분으로 속으로나마 마음껏 부르셨으면 좋겠다.

애들 아버지가 오면 셋이서 함께 부르기도 한다. 동생이 살아 있을 때 아직 청년인 애들 아버지 노래를 엄마는 참 좋아하셨다.

이런 순간이나마 음성을 되살리는 계기가 되었으면 하지만 노화는 어쩔 수 없는 것인가. 해가 지면 드리워지는 그림자처럼 엄마에게도 서서히 어둠이 드리워지고 있다는 것을 느낀다.

휠체어를 밀고 같이 '두만강 푸른 물'을 부르는데 유모차를 끌고 산책하던 할머니 한 분을 마났다. 우리 어머니를 보자 굽은 허리를 겨우 펴며 한마디 거드셨다.

"형님, 오래 살려고 이렇게 운동하는 게 아니라 사는 날까지는 기동을 해야 하지 않겠소. 그래서 이렇게 운동은 하지만 형님이나 나나, 우리 빨리 갑시다. 빨리 가는 게 상책이야요. 그렇지 않아요, 형님?"

그러고는 유모차를 밀며 부지런히 걸어갔다. 인명人命은 재천在天이라 했던가. 죽고 사는 것은 하늘에 있다는데 우리가 어찌하겠는가. 사시는 동안 이제 슬픈 아들 생각일랑 접어두고 노래도 부르고 아름다운 옛 추억도 되새기고, 세상 끝날 때까지 정신 놓지 않고 사시기를 기원할 수밖에.

몇 년 전만 해도 "죽일 놈들" 하고 혼자 자주 뇌던 그 죽일 놈들을 이젠 잊으셨을까. 세월이 분노도 앗아갔는지 요즘에는 그런 표현이 없으시다. 그런데 아들에 대한 그리움은 더 간절한 것은 웬일일까.

지난 4월 엄마에게 기자 한 분이 찾아왔다. 아들 잃은 경위를 묻고자 온 것이다. 자식 잃은 지 오십여 년의 세월도 지나갔고, 연세도 연로하시고, 그래서 이제는 담담하게 아들 이야기를 하실 줄 알았다. 그런데 아니었다. 기자 입에서 동생 이름 석 자가 나오자 그만 우시느라 한마디도 못하신 것이다.

단장지통斷腸之痛이란 말이 있다. 새끼를 빼앗긴 어미 원숭이가 통곡하다 창자가 한 치씩 끊어지면서 죽어 간다는 이야기다. 이 세상 모든 어미에게 가장 큰 고통은 눈앞에서 자식을 잃는 고통일 것이다.

나쁜 위정자, 부정한 사회, 그런 것들 때문에 자식을 잃은 참혹한 슬픔은 우리 엄마 세대에서 막을 내렸어야 했다. 세월호 참사를 보면서 가슴이 너무 아팠다.

아마 하늘도 놀라고 땅도 놀랐을 그 사건, 그 많은 어린 목숨이 물에 잠기고 있는데 손을 놓고 있는 너희들, 정말 사람이냐? 하는 소리를 우리는 또 들으며 살아야 할 것이다.

장구한 세월로 엄마의 분노는 어느 정도 사그라졌을지 몰라도 우리 역사는 부정의 고리를 만든 그들, 그들을 절대 용서해서는 안 된다고 나는 생각한다. 사회라는 테두리 안에서 벌어지는 부조리란 언제, 어디서, 어떻게 이루어지느냐에 따라 세월호처럼 또 언제 어디서 누구에게 어떻게 벌어질지 모르기 때문이다.

옆에 있으면서도 그 한을 조금도 풀어 드리지 못하고, 천성이 부드럽지도 살갑지도 않아, 그래서 엄마를 더 외롭고 쓸쓸하게 한 죄, 그 죄를 고해성사하는 심정으로 쓰려 했는데 내 변명만 늘어놓은 셈이 되어 엄마, 정말 죄송합니다. 그래도 딸 때문에 우시지는 마세요.

지금까지 엄마가 계셔서 이 못된 딸은 즐겁고 행복하게 잘 지내고 있다는 것을 조금이나마 위로받으셨으면 합니다. 엄마! 미안해요.

딸 올림

3.

그게 너였으면 좋겠다

오늘은 어버이날

오늘은 어버이날이라고 애들이 우리 부부를 초대한단다. 나는 음식을 해놓고 부르기 좋아하는데, 올해는 애들 뜻에 따르기로 했다. 나이는 어쩔 수 없는 모양이다.

나는 딸 둘, 아들 둘, 넷을 두었다. 어딜 가나 애가 넷이라고 하면 무슨 애를 그렇게 많이 낳았느냐고 흉 아닌 흉을 본다. 그럴 때면 나는 애들이 너무 예뻐서, 그리고 미역국이 너무 맛있어서라고, 엉뚱한 대답을 한다.

정말 애를 낳을 적마다 아기가 그렇게 예쁠 수가 없었다. 그리고 지금껏 세상에서 제일 맛있게 먹은 음식은 아기를 낳은 뒤 우리 엄마가 끓여 준 미역국이다.

큰애는 딸인데 유난히 여리고 순했다. 몸도 아주 약했다. 젖도 적었는데 이내 동생을 보아 한창 재롱을 부릴 나이에 누나가 되었다. 그래서인지 자라면서도 물 같은 아이였다. 나는 그렇게 약한 애를 요즘 엄마처럼 조기교육을 시킨다며 생년월일을 고쳐가며 여섯 살에 초등학교에 보냈다. 유난히 여린 애한테는 그것이 얼마나 가혹했는지를 그때는 몰랐다. 말수가 적고 강한 척하면 내 탓인 양 마음이 아프다.

둘째는 사내아이여서 그런지 배 속에서부터 요란했다. 깜짝 놀랄 정도로 조용한 날이 없더니 세상에 나와서도 빨빨거리며 헤집고 다녀 잠시도 눈을 뗄 수가 없었다. 한번 하고자 한 것은 기어코 해야 직성이 풀리는 아이였다. 무슨 일을 저지를까 항상 눈망울이 다람쥐처럼 반짝반짝 빛났다. 좀처럼 울지 않다가도 한번 떼를 쓰면 이길 도리가 없다.

셋째는 딸인데 어찌나 순한지 하도 조용해서 들어가 보면 책상 밑으로 배밀이 해서 들어가 고개를 들고 신나게 날갯짓 하며 놀다 힘이 부치면 한쪽 뺨을 바닥에 대고 그대로 잠이 들곤 했다. 그렇게 순한 아이는 나도 처음

보았다.

막둥이는 걸음마를 배우면서부터 형, 누나들과 같이 방으로 마루로 뛰어다니기를 좋아했다. 뛰다 뒤로 넘어지면 그대로 숨이 넘어갔다. 찬물을 먹이고 이름을 부르고 야단법석을 치른 뒤에야 겨우 깨어나서는 언제 그랬냐는 듯이 또 뛰어다니며 놀았다.

자식은 밑으로 갈수록 예쁘다는 말은 맞는 말이다. 막둥이는 어찌나 예쁘던지 내가 도리어 애를 울리곤 했다. 우는 것도 예쁘고, 심술부리는 것도 예쁘고.

항상 엄마 아빠보다 일찍 일어나는 애들 때문에 아빠가 출근하면 나는 대충 정리하고 애들을 나란히 뉘어 놓고 동화책을 읽어 주었다. 애들을 재우기 위해서였다. 손가락으로 꼭꼭 집어 가며 읽어 주기도 하고 노래를 불러 주면, 애들은 이내 잠이 든다. 손빨래를 할 때라 애들을 재워 놓고야 산더미 같은 빨래를 했다. 그래서인지 애들은 자라면서 막둥이만 빼놓고 동화책을 글자 하나 틀리지 않고 다 외웠다.

셋째는 유난이 작았다. 별명이 콩알이었다. 큰딸은 큰애이니 신경을 안 쓸 수 없었고, 둘째는 아들인데다가

워낙 부잡해서 좀 달랐는지 모른다. 셋째 딸은 커다란 두 존재 사이에서 유난히 자기 색을 표출하고 싶었나 보다. 말도 아주 일찍 시작하면서 똑 부러지게 했고, 그렇게 순하던 애가 날로 사나워져 갔다. 놀러 온 오빠 친구들 얼굴을 할퀴어 툭하면 울려 보내곤 했다.

동네에서 소문이 났다. 엄마들이 혜균네 가지 마라 말려도 애들은 한사코 우리 집으로만 모여들었다. 우리 콩알이 손가락으로 꼭꼭 집어 가며 읽어 주는 동화책 때문인지도 모른다. 그때가 큰아들이 입학하기 전이니 친구들도 다섯이나 여섯 살쯤 되었을 것이고, 우리 콩알은 오빠보다 두 살 아래이니 네 살 정도였을 것이다. 머리를 양 갈래로 땋아 내리고 다리를 쭉 펴고 앉아 동화책을 읽으면 오빠 친구들이 빙 둘러앉아 듣느라 정신이 없었다.

어느 날 버스를 타고 가는데 글씨를 읽기 시작해서 깜짝 놀랐다. 나는 동화책 말고는 글씨를 가르친 적이 없다.

막둥이는 엉뚱했다. 엄마가 읽어 주면 녹음을 해 두었다가 형과 누나들이 학교에 가고 없으면 혼자 구슬치기하면서 듣고, 누워서 듣고, 그림을 보면서 듣고, 그래서인지 학교 갈 때까지 제 이름 석 자도 못 썼다.

막둥이가 다섯 살 때 우리는 아파트로 이사를 했다. 동생이 없어서인지 복도에서 애들만 만나면 무조건 나이를 묻는다. 상대가 제 또래면 무조건 형이라 부르라고 윽박질렀다. 막둥이는 체구도 작고 키도 작았다. 애들이 순순히 형이라고 할 리 만무했다. 그러면 그 조그만 주먹을 사정없이 날렸다. 복도에서 애 우는 소리가 나면 십중팔구 우리 막둥이 때문이다. 나는 일을 하다 말고 뛰어가 달래고, 사과하고, 하루에도 몇 번을 그랬다.

한번은 다른 층 엄마가 내게 항의하러 왔다. 아들이 우리 막둥이한테 맞아 온데가 멍이 들었다는 것이다. 막둥이는 12월생이라 동갑내기라도 한 살이 어린 편인데 설마 그 정도일까 하고 간식과 약을 사가지고 갔다. 우리 애보다 덩치도 크고 키도 컸다. 정말 눈도 멍이 들고 뺨도 부어 있었다. 코피까지 흘렸다는데 어떻게 어린애 주먹이 그렇게 센지 나도 놀랐다.

며칠 뒤 현관 밖에서 '상학이 형' 하고 부르기에 나가보니 그 애였다. 친구이니 형이라고 부르지 말라고 해도 막무가내였다. 그 애뿐 아니라 아파트 위아래층 고만고만한 애들이 모두 상학이 형 하며 따라다녔다.

어느 날은 아침에 나간 애가 종일 보이지 않아 옥상으로 올라가 보았다. 제 또래 애들과 축구 시합을 하고 있었다. 제 팀이 너무 어려서 아무리 소리 질러도 번번이 골을 먹자 눈물을 뚝뚝 떨어뜨리며 혼자 이리 뛰고 저리 뛰는데 그 모습이 안쓰럽기도 하고 웃음이 나오기도 했다.

그런 막둥이에 비해 큰아들은 남하고 다투는 것을 보지 못했다. 학교가 끝나면 언제나 친구 대여섯을 몰고 와서는 친구들이 떠들거나 말거나 저 혼자 책상 앞에 앉아 숙제하고, 다음 날 책가방까지 다 챙기고 나서야 놀았다. 그건 누가 시켜서가 아니라 천성이었다. 막둥이는 똑같이 친구들을 몰고 와서는 숙제하는 친구 옆에서 먼저 놀자며 조르고 방해하느라 몸살을 앓았다. 한 형제라도 두 아들은 그렇게 달랐다.

그렇게 어리던 애들이 다 자라 지금은 내가 저희들 키우던 그 나이에 와 있다.

그렇게 여리고 조용하기만 하던 큰딸은 건축을 전공하면서 남자들 속에서 육 년을 공부하다 보니 웃는 것도 남자용 옷도 청바지 외는 입는 것을 보지 못했다. 그래서 데모가 한창 심할 때는 번번이 운동권으로 오인되기

일쑤였다.

둘째 큰아들은 자라면서도 여전히 빈틈이 없었다. 학교에서도 그랬고 집에서도 그랬다. 부모가 신경 쓸 일이 정말 하나도 없었다. 나는 참 복 많은 엄마구나, 그러면서 키웠다.

셋째는 대학 가서는 어찌나 멋을 부리던지, 예쁘게 화장하고 옷도 예쁘게 입고, 그러면서 데모란 데모는 다 쫓아다녀 애를 태웠다. 아르바이트를 서너 군데씩 뛰면서 그 돈을 몽땅 데모에 쏟아부으며 열심이었다. 졸업반이 되어서야 그 모든 것에 손을 떼고 도서관에만 파묻혀 있더니 졸업하자마자 영국으로 건너가 석사 학위를 받아왔다. 무엇에나 적극적인 성격이라 영국에서도 제일 힘들다는 유명한 공대에서 학위를 취득한 것이다.

그런데 그 딸이 자랑스러운 것은 전혀 다른 곳에 있다. 결혼한 지 십 년도 넘은 며느리를 시부모님이 지금까지도 친정 부모인 우리에게 며느리 자랑을 해 준다는 사실이다. 그런 며느리를 둔 분들을 우리 부부는 또 부러워하고 있다.

공부를 죽어라 싫어하던 막둥이는 초등학교 땐 유난

히 시를 잘 썼다. 한번은 담임 선생님이 반 전체에게 막둥이 시를 공책에 적어 놓으라고 했단다. 그래서 나는 우리 집안에서 시인이 나오나 했다.

그런 애가 수학에 그렇게 뛰어난 줄은 전혀 몰랐다. 결국 교수님들에 의해 대학원에 가서 장학금뿐 아니라 월급 받는 조교로 있으면서 애들 넷 중에 집에서 십원 한 장 가져가지 않고 석사과정을 마쳤다. 해외 유학을 보내려고 수없이 실득했나는데 녀석은 결국 석사를 끝내자 도망치듯 학교를 빠져나와 지금은 학원에서 수학강사를 하고 있다.

그래도 녀석은 이 세상에서 제가 제일 행복하다고 큰소리친다. 말인즉 제일 좋아하는 수학을 가르치니 행복하고, 좋아하는 컴퓨터게임 마음껏 하니 더욱 행복하고, 어디에 매이지 않고 마음껏 자유로우면서 제 힘으로 밥은 먹고 사니 행복하지 아니할 수가 없단다. 본인이 그렇다는데 어찌하겠는가 믿어야지.

되돌아보면 돈에 쪼들리며 동동거리기는 했어도 애들 넷 공부 뒷바라지하느라 쩔쩔매던 그 시절이 내게는 황금 같은 시절이 아니었나 싶다. 그때는 부모라는 사부심이 하늘을 찔렀다. 요즈음은 그 시세가 땅에 뚝 떨어져 어디까지 내려갈지 모르겠다.

아들들은 바쁘다는 핑계로 오늘 같은 날이 아니면 만나기도 힘들고, 딸들은 우리 부부의 시어머니로 탈바꿈했는지 하나에서 열까지 잔소리를 하려 든다. 그래도 우리 부부는 지금 아들, 딸이 초대한다는 곳으로 가기 위해 모처럼 꽃단장 하는 중이다.

손자의 울음

"손자 키우실 생각일랑 아예 마십시오."

시대가 달라진 게 아니다. 할머니 할아버지가 달라진 것이다. 내 손주를 안 맡겠다고 버티는 쪽은 할머니 할아버지다. 그래서 직장을 가진 엄마들이 아기를 맡길 데가 없다.

내 딸도 다음 달이면 출산 휴가가 끝난다. 서울에는 절대 안 오시겠다는 시부모님 때문에 요즘 우리 딸도 고민이 많다. 그래서 우리 부부는 주변에서 아무리 말리더라도 우리 손자는 우리가 키우자고 결론을 내렸다.

손자가 오니 우선 집안 분위부터 달라졌다. 조용하던

집안이 갑자기 화기애애해지고 생기가 돌았다. 손자는 4.65kg이니 다른 아이 두 배는 되는 것 같다. 울음소리도 컸다. 몇 아기 울음 합친 것만큼 컸다. 그렇게 실한 아이가 거실에 떡 버티고 누워 있으니 집안이 가득했다.

몇 십 년 만인가. 눈을 맞추며 팔다리를 마구 휘저으며 방긋방긋 웃는 내 핏줄을 본 지가. 우리 애들도 이렇게 예뻤을까?

아기는 죽순처럼 하루가 다르게 달라져 갔다. 뒤집으려고 용을 쓰다 용감한 병사처럼 쑥쑥 포복하기 시작하더니, 거실에 있는가 하면 어느새 식탁 밑에, 서에 번쩍 동에 번쩍, 앉아서 놀다 천하장사같이 벌떡 일어나 서툰 걸음으로 안 가는 데 없이 가서 무엇이나 만져 보고 두드려 보고, 혼자 바쁘다.

할아버지가 앉는 소파에 올라가려고 열두 번도 더 애를 쓰더니 이제는 거뜬히 올라가 할아버지처럼 발을 꼬고 신문을 거꾸로 들고 본다. 밥상에 앉으면 할아버지 수저는 저 만큼 밀어놓고 제 수저를 할아버지 자리에 놓고 시치미를 떼고, 할아버지 보건체조는 언제 익혔는지 어린이집에 가면 시키지 않는데도 두 다리를 번쩍번쩍 들면서 체조도 하고.

나는 손자를 돌보면서 애들은 스스로 너무 잘 자라고 있다는 것을 알았다. 그 자라는 모습에 비하면 부모의 수고로움은 정말 아무것도 아니다. 그래서 보통 엄마처럼 나도 내 애들은 내가 다 키웠다고 큰소리쳤다. 실은 부모는 울타리였다. 그 울타리를 똑똑히 해 주면 된다.

엄마 아빠는 필히 있어야 하지만, 형제도 있게 해 주어야 하고, 할머니 할아버지, 거기다가 이모, 고모, 삼촌까지 다 있어 주면 말할 나위도 없는 좋은 부모, 백점 만점인 엄마 아빠일 것이다.

그런 가족 안에서 오순도순 함께 나누며 사는 삶은 그 자체가 교육이다. 결국 우리 조상들이 살던 대가족제도가 인성교육에는 최상이라는 것을 알게 된 것이다. 그러나 오늘의 산업사회에서는 불가능할 수밖에 없는 것도 현실이다.

딸은 이제 다 컸으니 손자를 데리고 집으로 들어가겠다고 한다. 그동안 사위가 고생이 많았다. 그러나 내가 보기에는 한참을 더 키워야 했다. 아직 유치원도 안 갔다. 하지만 딸의 뜻을 따를 수밖에 없었다.

어느 날 손자는 자기 짐을 차 가득 싣고 엄마 아빠랑 떠나고 말았다. 우리 부부는 떠나는 차 꽁무니만 멍하니 보고 있었다. 매일매일의 낙이 썰물처럼 빠져나가는 것을 구경만 하고 있었다. 나는 힘없는 할머니일 뿐이었다.

'손주는 키워 봤자 말짱 헛것이야.' 정말 그런가. 그런지도 모르겠다. 이렇게 자문자답을 하고 있는데 따르릉 전화벨이 울렸다.

수화기를 들자 "할머니!" 하고 낭랑한 목소리가 떼구루루 구르며 귀에 막 들어온다.

"아이고 내 새끼, 세준아!"

"할머니! 나 아파서 병원에 갔다."

"아니, 어디가 아파서?"

"그런데 할머니, 나 큰 소리로 막 울었어."

"저런, 많이 아팠구나!"

"아니! 조금…."

"그런데 그렇게 울었어?"

"응. 왠지 알아?"

"글쎄다."

"구기동 할머니, 할아버지 들으라고."

갑자기 거실이 환하게 반사되면서 그동안 처져 있던 화초가 물을 머금은 듯 화들짝 피어나고 있었다. 손자의 한마디가 삽시간에 두 노인에게 생기를 불어넣은 것이다.

빈 둥지

간밤에 비바람이 몹시 분 모양이다. 가지째 꺾인 대나무 잎들이 현관 앞에 어지럽게 널려 있었다. 휘어지고, 엉키고, 대나무도 똑바로 서 있는 게 하나도 없었다.

엉킨 가지들을 하나하나 풀어내고 휘어진 가지를 바로 세우는데 머리 위에서 흔들리는 검은 물체가 보였다. 자세히 보니 아주 작은 새 둥지였다. 아니 웬 둥지? 그도 어젯밤 풍난을 맞은 듯 가는 줄에 매달린 채 한쪽으로 기울어져 바람에 흔들리고 있었다.

망가지기는 했어도 알이 놓였던 자리는 둥글게 그대로 남아 있었다. 무척 작은 새였던 모양이다. 가는 풀 같기도 하고 제 털 같기도 한 부드럽고 가는 것으로 촘촘하게 단단하게 만들어져 사람 손으로 만든 것보다도 더 견고해 보였다. 이런 새집이 대나무밭에 매달려 있다는 게 도무지 믿어지지가 않았다. 아마 새가 떠난 지는 오래된 것 같다.

대나무밭은 사람이 수시로 드나드는 현관 바로 옆에 있다. 주변에는 실한 느티나무가 있고, 그 옆에는 단풍나무가 우람하게 버티고 있으며, 키 큰 소나무도 저만큼 떨어져 있다. 그 걸쭉한 나무들을 다 뿌리치고 현관 바로 앞에 있는 대나무는 오죽烏竹이라 줄기도 가늘고 연약한데 그런 곳에 새 둥지라니!

크기로 봐서는 참새보다 더 작은 새일 것 같다. 주변에서 새소리는 많이 들었지만 참새보다 작은 새는 아직 본 적이 없다. 알이 놓였던 자리는 하도 작아 도대체 얼마나 작은 새이기에 둥지가 이렇게 작을까 싶다.

나는 흥분했다. 그런 작은 새가 내 집 앞에서 살았다는 게 마치 우리 가족이 새에게 선택된 것 같은 기분이라고나 할까.

쾅쾅 문 여닫는 소리도 나고, 왁자지껄 사람 떠드는

소리도 나고, 밤이면 외등이 훤하게 밝혀 있어 잠자기에도 불편했을 텐데 어째서 이런 곳에 집을 지었을까. 그뿐 아니다. 대나무밭에는 제 크기에 비하면 황소만한 고양이도 두 마리나 있다. 그것도 무섭기로 소문난 호랑이 같은 수고양이들이다. 그것들이 그곳에 새가 있다는 것을 눈치채지 못했을 리 만무했다.

하기야 아무리 기고 나는 고양이라 할지라도 가는 대나무를 타고 올라갈 생각은 엄두도 내지 못했을 것은 당연하다. 하지만 두 녀석이 입맛을 다시며 수도 없이 올려다보았을 테고 그때마다 온몸이 오그라들듯 무서웠을 텐데 어떻게 알을 품고 있었을까. 몸은 작아도 간이 배 밖으로 나온 놈이 분명했다.

그동안 새들은 머리 위에서 마치 움직이는 몰래카메라처럼 우리 가족을 수시로 살폈을 게 분명했다. 식구는 몇이고 또 성격은 어떤 사람들이며 언제 제일 많이 드나드는지 우리가 알지 못하는 정보를 죄다 알고 있었을 것이다. 개인 정보 노출로 시끄러운 요즘, 우리 집도 감시를 받고 있었음에 충분하지만 다른 나무 다 뿌리치고 우리 대나무를 선택해 준 것이 고마워서 그냥 넘어가기로 했다. 다만 우리 가족과 한 번쯤 상견례를 했으면 좋았을 것을, 이십여 년 키운 대나무가 처음으로 맞은 경사였는데 너무 아쉬웠다.

생김새는 어떠했으며 색깔은 또 어떤 녀석이었을까. 설마 뻐꾸기 알을 품은 미련퉁이 같은 뱁새는 아니겠지.

봄이면 주변에서 뻐꾸기 소리를 자주 듣는다. 텔레비전에서 뻐꾸기 알을 품은 새를 보여 준 적이 있다. 뱁새라고 했던가. 콩알만한 새였다. 그 콩알만한 새가 뻐꾸기 새끼를 키우는 장면이었다. 입양해서 자기 새끼와 함께 키우는 것이 아니라 자기 앞에서 어린 새끼를 다 없애 버리는 그 뻐꾸기 새끼를 자기 새끼로 알고 키우는 장면이었다.

그 어미는 우리네 사람처럼 꽤나 허세가 많았던지 제 작은 몸에 한이 되어 그저 큰 것만 대견해서 제 새끼가 밀려 떨어져 죽는 것도 모르고 뻐꾸기 새끼에게만 정신이 팔려 제 몸도 돌보지 않고 털이 빠지고 꽁지가 떨어져 나가는데도 먹이를 먹이는 꼴을 보고 정말 자지러지는 줄 알았다.

아무리 짐승이라지만 제 새끼, 남의 새끼도 구분하지

못하는 못난 놈. 날마다 풍선처럼 커가는 새끼 입 속으로 통째로 제 머리를 들이밀어가며 먹이를 먹이는 광경은 정말 목불인견目不忍見이었다.

밤잠 안 자고 불어대던 바람은 이제 겨우 잠들었는지 잔잔했다. 나뒹구는 잎들을 대강 쓸어내고 대나무밭에 있던 둥지를 집으로 가지고 와 기념으로 보관할까 하다가 그냥 두기로 했다. 혹시 그 집을 보고 다시 와서 새 보금자리를 만들지도 모른다는 생각이 들었다. 그리고 그 기적의 날을 기다려 보기로 했다. 봄이 올 때까지.

무엄한 쾌변

오늘은 손자에게 청와대 구경을 시켜 주려고 한다. 다섯 살도 채 안 된 녀석이 어린이집에서 대통령 이야기를 들은 모양인데, 마침 새 대통령이 이사를 온 뒤라 청와대도 보여 주고 대통령에 대한 이야기도 해 주어야겠다.

청와대 앞은 은행나무가 장관이다. 우람한 몸짓으로 봄, 여름, 가을, 겨울, 계절마다 다른 빛을 낸다. 특히 겨울의 눈꽃은 동화 나라 숲 같다.

나는 그 은행나무를 초등학교 때부터 알고 있었다. 학교와 대통령이 사는 경무대가 가깝다 보니 사연 은행나무 주변을 자주 지나다녔던 것이다. 그때는 담장이 없고 철망으로 드리워져 있어 안이 훤히 들여다보였다. 은행잎을 줍다가 대통령 부부가 산책하는 모습도 보고, 대통령이 키우는 하얀 개도 가끔 보았다.

은행나무는 사계절 중 가을에 제일 아름답다. 더구나 청와대 앞 은행나무를 따라갈 곳은 없다. 정말 꽃보다 예쁘다.

그 나무가 세월만큼 나이가 들어서인지 오늘 보니 노스님처럼 근엄해 보였다. 나를 어렸을 때부터 봐 온 은행나무에게 지금의 내 모습은 어떻게 보일까. 오늘은 예쁜 손자도 데리고 왔으니 잘 봐주었으면 좋겠다.

우리 손자만큼 자란 연한 은행잎은 싱그럽게 하늘을 가득 메워 마치 청춘을 활짝 열어젖힌 창문 같다. 나는 가슴이 부풀어 올라 덩달아 뛰고 싶은데 우리 손자는 신이 나지 않는 모양이다. 항상 손을 잡으려 하면 멋대로 달아나 뒤쫓아 가느라 힘이 빠지곤 했는데, 오늘은 얌전히 손을 잡힌 채 이것저것 묻지도 않는다.

얼마 걷지도 않았는데 택시를 타자고 했다. 집에 빨리 가고 싶다는 이야기다. 다리 아프면 업어 주마 했지만 싫다고 했다. 영 심기가 편치 않다.

우리 애들이 모두 결혼이 늦어 이 녀석이 내게는 큰손자다. 딸아이가 직장에 나가기 때문에 우리 부부가 키우는 중이다. 예쁘기로 따지면 하늘에서 제일 좋은 점만 골라가지고 나왔는지, 하나에서 열까지 우리 부부의 혼을 쏙 빼놓고 있다. 그런데 그날은 말을 붙여도 통 대꾸가 없다. 그래서 대통령 이야기 말고 다른 이야기가 없을까 궁리 중인데, 그때였다.

"할머니, 응가."

"뭐? 응가?"

이런 낭패가. 어제 저녁 내내 제 어미와 화장실에서 굿을 치고서도 끝내 성과를 못 보더니 여기 와서라니. 이걸 어쩐담.

"조금만 참아 봐, 저기 가면 화장실이 있을 거야."

"할머니 안 돼, 막 나오려고 해."

가다가 걸음을 멈춘다.

"이런 무엄한 놈, 여기가 어디라고."

그렇지만 어찌하랴. 우리 손자가 급하다는데.

나도 급히 쪼그리고 앉아 바지를 내리고 비닐을 꺼내

어 엉거주춤 서 있는 엉덩이에 들이대면서 “그래, 앉아 봐” 하는데 놈은 벌써 도깨비 방망이처럼 고개를 쑥 내밀고 나왔다. 나는 놀라서 하마터면 주저앉을 뻔했는데 방망이는 손에 든 비닐주머니 위로 툭 떨어졌다. 제법 굵직하고 큰 놈이라 손에 닿는 감각이 묵직하다.

경찰이 오고 있다. 우리 손자가 제일 좋아하는 경찰이다. 나는 급히 손자 얼굴을 몸으로 가렸다. 만일 손자가 경찰을 본다면 자존심이 이만저만 상하는 게 아닐 것이다.

한때는 경계가 서릿발 같았던 청와대 앞이다. 지금은 세월이 좋아졌다고는 하지만 언감생심 여기가 어디라고 변이란 놈이 겁도 없이 불쑥 밀고 나오나. 이 무엄한 놈을 혼쭐을 내고 싶은데 어쩔 도리가 없어 바닥에 내려놓고 손자의 뒤처리를 먼저 해 주어야 했다.

바지를 추키면서 “이제 됐지?” 하니 고개를 끄덕였다. 모처럼 손자를 데리고 폼 좀 내며 여유 있게 산책하려고 했는데, 그만 웃음이 나왔다.

“세준아, 대통령 집 앞에서 응가한 사람은 너뿐일 거다. 알아?”

그러자 녀석은 다급하게 소리쳤다.

"할머니 또 나와!"

"뭐! 또? 좀 참으라고 해."

"안 돼, 막 나오려고 해."

"고놈 참, 웬 성질이 그리 급하다니?"

한 놈은 비닐에 쌌지만 또 나오면 받을 데가 없었다. 백을 열어 보니 오늘따라 휴지뿐이다. 휴지는 금세 처져서 받쳐 들고 갈 수도 없고, 할 수 없이 손수건을 꺼내는데 손자 소리가 다급했다.

"할머니, 막 나와!"

"아이고, 못 살아."

엉거주춤 서 있는 손자 바지를 내리는데 벌써 머리를 밀고 나와 떨어지기 직전. 급히 손수건을 들이댔다. 일 초만 늦었어도 옷에 실례를 할 뻔했다. 물 마시다가 한 방울만 흘려도 옷을 몽땅 벗는 녀석인데 하마터면 아랫도리를 홀랑 벗고 뛸 뻔하지 않았는가.

"더 눌 거야?"

"아니, 이제 안 나와."

변이란 놈이 무르지 않아 천만다행이었다. 줄줄 흐르는 상태였다면 그야말로 난감할 뻔했다. 나는 묵직한 놈을 손수건에 모아 백과 함께 거머쥐고, 한손으로는 손자녀석의 손을 잡고 이 묵직한 놈을 어떻게 처리할까 두리번거렸지만 청와대 근처에는 화장실이 없었다. 이놈을 집까지 들고 가야 할 판이었다.

그런데 손자가 걷다 말고 걸음을 멈췄다.

"세준아, 왜?"

손자의 얼굴을 들여다보는데 눈에 눈물이 그렁그렁하다.

"세준아, 왜 어디 아파?"

"할머니…."

"아가, 왜, 왜 그래?"

"또 나와…."

울음이 봇물처럼 터져나왔다.

"오, 괜찮아, 괜찮아!"

달래며 손자 바지를 급히 내렸다. 그리고 손수건 한쪽을 재빨리 펼쳤다. 꽁꽁 숨어서 몇날 며칠 애를 먹이던 놈이 드디어 바닥을 드러내는 모양이었다. 손자 녀석이 몹시 무안했는지 울음을 멈추지 않았다. 나는 등을 쓸어주며 달랬다.

"괜찮아, 괜찮아, 세준아, 괜찮아."

잠시 흐느끼던 녀석이 말했다.

"할머니, 다 눴어."

놀라고 당황한 것은 손자 녀석이었을 터인데 할미는 고 무엄한 놈 처리 때문에 손자 녀석 힘든 건 안중에도 없었다. 금쪽같은 손자라고 입에 침이 마르도록 자랑하면서 어린것이 이렇게 무안하고 난처할 때 토닥거려 주지 못한 나도 어지간히 무딘 할머니인가 보다 싶었다.

옷을 다 입히고 비로소 손자를 가슴에 꼭 안고 등을 토닥토닥 두드려 주자 손자도 그때야 얼굴에 묻은 눈물을 닦으며 할미 목을 꼭 끌어안았다.

싱그러운 은행잎 사이로 화창한 봄날의 파란 하늘이 우리를 내려다보며 싱긋이 웃고 있었다.

"세준이 시원하겠다."

엉뚱한 각오

"이제 수술실로 갑니다."

간호사의 말이 끝나기가 무섭게 건장한 남자가 다가와 방향을 틀면서 내 침대를 끌기 시작한다. 천장을 쳐다보다가 어지러워 눈을 꼭 감아 버린다. 몸 밑에서 바퀴 소리가 속도를 내자 내 몸도 달린다.

어디쯤일까. 문이 닫히면서 윙 소리가 난다. 엘리베이터 안인 모양이다. 덜커덩 문이 열리면서 또 달리다 차가운 공기가 훅 끼치는 방에 도착한다. 어지러운 발소리로 보아 수술 대기실인가 보다. 이미 두 겹을 덮은 상태인데도 좀처럼 찬기가 가시지 않는다.

나는 눈을 감은 채 춥다고 호소한다. 이내 한 겹을 더 덮어 주는데 공포에서 오는 추위인지 몸속까지 떨린다. 이번에는 침대를 한쪽으로 나란히 줄을 세우는 모양이다. 수술대로 올라갈 차례만 남은 것인가. 몸은 계속 떨리는데 마취는 언제 하는 거지?

그동안 초음파 검사, 심전도 검사, 엑스레이, 피검사, 또 이런저런 검사를 한 것으로 보아 전신마취일 가능성이 크다. 마취를 하면 그 순간 자신도 모르게 아무 말이나 막 한다던데, 나도 그러면 어떻게 하지? 실제 생전에 욕이라는 것을 모르던 사람이 마취에 들어가자 듣기 민망한 욕을 마구 쏟아 놓았다던데, 나도 누가 들어서는 안 될 말을 마구 하면 어쩌지?

우리 영감이 들으면 큰일인데, 다행이다. 보호자는 수술실에 들어올 수 없다고 한다. 아차! 녹음기를 가져올걸. 침대 밑에 가만히 숨겨 놓았다가 무슨 이야기를 하나 살짝 녹음해 둘걸, 왜 그 생각을 못했는지 후회가 막급이다.

간호사가 다시 이름을 부르고 확인하는데 내 옆 침대가 움직이는 소리가 난다. 그러자 떨림은 더 강해지면서 마취에서 깨어나지 못할 상황이 갑자기 떠오른다. 그것은 죽음이다. 갑자기 웬 죽음?

내 주변에 굳이 수술을 하지 않아도 되는 사람이 평소에 좀 귀찮게 병원을 들락거리게 한 장기를 아주 도려낼 양으로 스스로 수술실로 걸어 들어간 이가 있다. 수술은 잘 되었는데 마취에서 깨어나지 못한 그는 그대로 저세상으로 갔다. 나도 마취하면 그렇게 되지 않으리라는 보장이 없다. 만일 깨어나지 못하면 이대로 죽는다? 아무 준비도 없이?

퍼뜩 내 친구 생각이 났다. 그 친구는 뇌 수술을 하기 위해 수술 날짜를 잡아놓고 기다리던 중이었다. 만에 하나 집에 다시 돌아오지 못할 경우를 생각해서 먼저 청소가 생각나더란다. 내가 없는 집 모습은 바로 내 뒷모습이기에 그날부터 아픈 몸을 이끌고 평소에 잘 쓰지 않고 쌓아 두었던 가재도구부터 모조리 버리고 정리했단다. 그러고 나니 두려움이 조금 진정이 되더라나.

나는 눈 흰자위 늘어진 그 부분을 자르려고 수술대에 오르는 것이다. 혹여 수술이 잘못되어 앞을 못 보면 어쩌나 걱정은 했지만 죽음까지는 전혀 생각지 못했다. 그런데 전신마취라면 그보다 더 작은 수술이라도 죽을 수 있다. 그런 가능성을 왜 생각하지 못했을까.

엉뚱한 생각이 동시다발적으로 좁혀 오면서 불안이 몰려왔다. 설마 눈 수술로? 하다가도 죽으라는 운명이면 어쩔 수 없는 일 아닌가. 그러면 어쩌지 하다, 이 나이만큼 살았으면 됐다. 애들도 제자리 찾아 살고, 영감은 아직도 청춘이라고 큰소리치고. 나야말로 그동안 쓴맛 단맛 다 보며 애들 넷을 키웠다. 이 세상에 와서 이만큼 했으면 됐지 더 뭘 바라겠는가.

처음 수영을 배울 때가 생각났다. 달랑 나무판자 하나 붙들고 물속으로 뛰어들라고 할 때 기겁을 했다. 놀라서 뒷걸음치는데 앞사람이 풍덩 뛰어드니 도리 없이 뛰어들고 말았다. 그런데 순간 짜릿했던 그 기분을 잊을 수가 없었다. 지금 그때처럼 죽음에 뛰어들어가 봐?

태어날 때를 생각해 보자. 따뜻하고 아늑한 배 속에서 마냥 편안하게 노니다가 어느 날 갑자기 모태로부터 세상 밖으로 나가라는 압력을 받으면서 밀려 나올 때 공포로 자지러지게 울 수밖에 없었던 그 순간을. 그러나 나온 세상은 어떠했던가. 달콤한 젖도 있고, 따뜻한 엄마도 있고, 전혀 딴 세상이 있었던 것을. 죽음 뒤에 또 그런 세상이 있지 말라는 법 없지 않은가.

그런 생각을 하고 있는데 간호사가 다가온다. 몇 가지 주의를 주면서 침대를 끌기 시작한다. 수술실로 들어가는가 보다.

그래도 용기를 내어 확인하고 싶었다.

"전신마취하러 가는 건가요?"

"네? 간호사가 말하지 않던가요? 전신마취가 아니고 부분마취예요."

"네? 아~ 네!"

'와! 안심이다.' 순간 죽음은 내 머릿속에서 싹 사라졌다.

간호사가 젖은 거즈로 눈 주위를 계속 닦아 주었다. 마취제란다. 그래서인지 기계로 눈을 활짝 벌려 놓았는데도 전혀 통증이 없다. 의사가 왔다. 수술이 시작되는 모양이다.

"오른쪽부터 수술에 들어갑니다. 아프면 말씀하세요."

흰자위를 자르는 수술이다. 쏙닥쏙닥, 아프기는커녕 눈을 뜨고 보고 있다. 조금 뒤에는 바느질을 하고 있구나, 그런 생각을 했다. 손이 부지런히 움직이고 물은 계속 눈 위로 흘렀다. 그 촉감이 너무 부드러워서 신비스럽기까지 했다.

"끝났습니다. 다음은 왼쪽입니다. 이쪽은 자르지 않고 붙일 겁니다."

수술하기 전 간호사가 말했다. 살점을 조금 떼어 낼 거라고. 나는 그 살점을 어디서 떼어야 하나 고민했는데 바로 눈 위에서 떼어 낸단다.

수술은 오십여 분 만에 꿈같이 끝났다. 나는 그 꿈같은 수술을 두고 한심하게도 그동안 얼마나 엉뚱한 상오를 남발했던가.

의사는 곧 떠났고, 간호사가 양쪽 눈을 거즈로 덮고 반창고로 마무리하면서 계속 주의를 주었다.

"절대 눈에 손대면 안 됩니다."

밖으로 나오자 그동안 가족들이 더 마음을 쓰고 있었나 보다.

"여보, 아프지 않았어?"

"아니!"

처음부터 끝까지 수술에 참여한 그 생생한 느낌이 꿈만 같았다고 신나게 말하고 싶었지만, 눈의 안정을 위해 입을 꼭 다문 채 아무 말도 하지 않았다.

방귀쟁이 삼촌

할머니가 우리 집에 오시면 나는 할머니를 따라 시골 외가에 가곤 했다. 시골에는 외삼촌이 다섯 분이 있다. 나와 놀 수 있는 삼촌은 나보다 세 살 위인 막내와 그 위인 넷째 삼촌이다. 넷째 삼촌만 생각하면 지금도 시골의 기억들이 마치 가마솥에서 일어나는 누룽지처럼 쫙 떠오른다. 어릴 때 이후론 그를 본 적이 없기 때문일 것이다.

그 삼촌은 짓궂기로도 유명했다. 어른들은 싱겁다고 했다. 삼촌의 장난기는 막둥이 삼촌을 울리는 것부터 시작했다. 그래서 막내는 울보였다. 실은 안 울 수도 없었을 것이다. 형이란 사람이 같이 잘 놀다가 슬그머니 일어나 엉덩이를 막둥이 입에 대고 붕 하고 대포를 쏘아대면 까칠하고 결벽증까지 있는 막둥이는 길길이 뛸 수밖에. 입 안의 방귀 냄새를 옷소매로 수없이 닦으며 울어대면 또 어른들한테 시끄럽다고 혼이 났다. 왜 그리 막둥이를 울렸는지 모르지만 그 방귀는 마음만 먹으면 수시로 나왔고, 그래서 나는 넷째 삼촌을 방귀쟁이라 불렀다.

우리는 그렇게 별명을 하나씩 갖고 있었다. 나는 별명을 부르면서 삼촌들을 졸졸 따라다녔다. 그 삼촌은 짓궂기는 해도 절대 화를 내는 일이 없고, 막둥이와 내가 뭘 해 달라고 하면 거절한 적도 없었다. 뚝딱하면 무엇이든 잘 만들었는데 특히 겨울철 썰매는 일품이었다. 우리가 삼촌이 만들어 준 썰매를 타고 얼음 위에서 씽씽 달리면 동네 애들이 모두 부러워했다. 어른들은 그 삼촌을 보고 손재주가 많다고 했다.

삼촌은 할아버지 농사일을 거들었다. 내가 대여섯 살 안팎이었으니 삼촌은 열두어 살이 아니었나 싶다. 종일 밭에서 할아버지 일을 돕다가 집에 오기 무섭게 씻는 둥 마는 둥 책상 밑으로 달려갔다. 그곳에는 삼촌의 놀잇감이 있었다. 두꺼운 종이로 만든 트럭과 지프차였는데 장기알같이 작은 것을 병사, 큰 것은 장성이라며 별을 붙여 청색 홍색으로 나누어 서로 공격하는 놀이였다. 비록 두꺼운 골판지로 만든 트럭이요 지프지만 실제 차같이 바퀴도 달아 전진도 하고 후진도 했다.

지프차뿐 아니라 군용 트럭도 만들었다. 운전석 뒤에는 의자도 있었다. 나는 옆에 쪼그리고 앉아 그 차들이 굴러다니는 게 신기해서 눈도 떼지 않고 보곤 했다.

소 꼴을 뜯기러 갈 때도 삼촌을 따라갔다. 소 밧줄을 나무에 길게 묶어 놓고 작은 나뭇가지를 주물러 속대를 뽑아내고 호드기를 만들어 주었지만 아무리 가르쳐 주어도 삼촌처럼 소리를 내지 못했다. 내가 제대로 소리를 낼 수 있을 때쯤 해서 삼촌이 서울 우리 집으로 왔다. 그리고 며칠이 지났다. 하루는 삼촌이 책상에 엎드려서 너무도 섧게 울고 있었다. 나도 덩달아 슬퍼서 옆에 쪼그리고 앉아 있었는데, 당시 일본 사람도 들어가기 힘들다는 유명한 중학교 필기시험에 합격했는데 면접에서 떨어졌다는 것이다. 외할아버지가 소작인인 것이 이유였다.

몇 년 후 외가는 모두 서울로 올라와 우리와 함께 살게 되었고, 그 삼촌은 지방에서 교편을 잡고 있던 셋째 삼촌에게로 갔다. 학교를 다니기 위해서였다.

그동안 농사일로 학교도 못 다닌 삼촌이 언제 그렇게 공부를 했는지 성적표가 오면 식구대로 돌아가며 보았다. 모두 감탄하고 뿌듯해하며 자랑스러워했다. 며칠이고 삼촌 얘기만 했다. 특히 수학을 뛰어나게 잘해 셋째 삼촌 친구 중 수학 선생 한 사람이 있었는데 그 친구는 매일 넷째 삼촌에게 수학을 배워서 수업을 한다는 대목에서는 모두 박장대소를 했다. 그때부터 삼촌 이야기가 나오면 그 얘기는 단골 메뉴로 떠올랐다. 방귀쟁이 삼촌은 온 가족에게 유일한 자랑이요 희망이었다.

머리가 좋은 사람은 콧물이 많은 걸까. 삼촌은 콧물이 많이 나오기로도 유명했다. 무엇을 열심히 할 때면 콧물이 길게 늘어져 떨어지기 직전까지 오면 그때서야 훌쩍 들이마셨다. 나는 그 콧물 늘어지는 것을 조마조마하게 내려다보다가 절묘하게 훌쩍 들이마시는 삼촌을 눈을 찌푸리며 보곤 했다. 그러다 방귀를 붕 쏘아대면 코를 막고 줄행랑을 쳤다. 그래도 콧물은 늘어질 뿐 떨어지는 것을 본 적은 한 번도 없다.

콧물을 흘리면서 형 밑에서 밥도 짓고 빨래도 하고, 그러면서 공부는 공부대로 뛰어나게 한 사람은 우리 방귀쟁이 삼촌 말고 또 있을까.

마음 좋고 머리 좋은 삼촌은 6 · 25가 나자 어머니에게 가겠다며 모두 말리는데도 한사코 전쟁 중인 서울을 향해 떠났다는데, 그것이 삼촌에 관한 소식의 전부요 마지막이었다.

그 아들을 그리며 팔순이 넘게 사신 우리 할머니는 매일 그 아들 생사를 화투로 점을 치곤 했다. 죽었는지 살았는지 한숨을 쉬며 날마다 화투 점을 치시다 끝내는 그 아들 이름을 애절하게 부르며 손을 뻗어 허우적거리다가 운명하신 할머니는 아들에 대한 간절한 마음을 그렇게 내려놓고 떠나셨다.

지구 어딘가에 꼭 살아 있을 거라고 믿고 싶지만 그 삼촌도 지금은 돌아가실 나이가 다 됐다. 최근에 유일하게 친구처럼 지내던 막내 삼촌도 돌아가셨다. 어린 날 방귀쟁이 삼촌과의 추억을 나눌 사람은 이제 내 주변에 아무도 없다. 모두 떠난 것이다. 그게 또 이렇게 슬픈 일인 줄 예전엔 정말 몰랐다.

깃털보다 가벼운 목숨

그날도 밥을 차려 놓고 화장실에 들어간 사람을 기다리고 있었다. 냉수마찰을 끝내고 옷 갈아입는 시간까지 삼십 분이면 되는데 나오지 않았다. 문을 똑똑 두드렸다. 뭐라고 하는 것 같았지만 빨리 나오라고 건성 재촉을 하고 보던 신문을 다시 봤다.

그런데도 나오지 않았다. 다시 문을 두드렸다. 안에서 아무 소리가 없었다. 문을 두드리며 다시 불렀다. 여전히 아무 소리가 없었다. 순간 가슴이 철렁했다. 문을 흔들었다. 잠겨 있었다. 급히 열쇠를 찾아 문을 여니 그는 상체를 앞으로 깊숙이 숙이고 앉아 있었다.

다가가 어깨에 손을 얹자 육중한 몸이 힘없이 내 앞으로 쏟아져 내렸다.

'이런 것이구나! 이런 것이구나.'

거실로 옮기려 했으나 꼼짝도 안했다. 그는 움직이지 않는 거대한 산이었다. 어떻게 해야 할까? 먼저 바닥에 뉘어 놓고 119를 불렀다. 그리고 차가운 바닥에 수건과 옷가지를 닥치는 대로 밀어 넣었다.

피를 내야 한다는 생각이 떠올랐다. 바늘을 찾아 따기 시작했다. 피가 나오지 않았다. 그래도 열 손가락, 열 발가락을 꾹꾹 찔렀다. 그리고 급히 수저를 가져와 입에 넣으려 했으나 입이 열리지 않았다. 왜 넣어야 하는지도 모르면서 억지로 벌려 수저를 밀어 넣었다.

심폐 소생이라 했던가. 심장을 멈추지 않게 해야 한다. 구부린 자세로 두 팔에 힘을 주어 심장을 힘껏 눌렀다. 그러나 힘을 주기도 전에 미끄러지며 넘어졌다. 다시 누르고 또 눌렀다. 또 넘어졌다. 힘이 없었다. 이런 힘으로는 심장을 움직일 수가 없을 것 같아 애가 탔다. 계속 힘을 주어 누르면 자꾸 고꾸라지는 통에 마음만 급해졌다.

"왜 이리 안 오지?"

다시 119에 전화를 걸어 빨리 오라고 외쳤다. 119에서 전화가 걸려왔다. 왜 빨리 오지 않느냐고 다시 소리치며 끊었다. 내가 이렇게 힘이 없는 줄 몰랐다. 그동안 헛살아온 게 아니라면 제대로 누를 수 있어야 했다. 그런데 너무 힘이 없었다. 한심했다. 요만한 힘도 없으면서 큰소리치며 살았구나 싶었다.

그때 초인종이 울렸다. 나는 달려나가 이렇게 늦게 오면 어떻게 하냐고 원망을 쏟아냈다.

그들은 들어서자마자 환자를 거실로 옮겨 뉘며 지병을 물었다. 나는 아무 말도 못했다. 그들은 혈압을 재고 혈당 검사를 했다. 저혈당이라고 했다. 그때야 당뇨라는 지병이 생각났다. 당뇨를 삼십 년이나 앓은 사람이라는 것을 까맣게 잊고 있었던 것이다.

사람의 숨이 얼마나 가벼운지, 돌처럼 꼼짝 않던 사람이 주사를 맞고 조금 있으니 손가락을 조금씩 움직였다. 잠시 후 몸도 옆으로 움직였다.

나는 비로소 큰애에게 전화를 했다.

"아버지 응급실로 모시고 간다. 걱정하지 마. 저혈당 쇼크라고 하니 응급실에 가서 전화하마."

"아주머니, 전화를 그렇게 빨리 끊으면 어떻게 해요?"

응급조치를 하던 119대원이 내게 한 말이다.

환자 상태를 이야기해 주었어야 했다. 숨을 쉬는지 안 쉬는지. 그리고 주소만 말할 것이 아니라 빨리 올 수 있는 길을 알려 주어야 했다. 그리고 평소에 무슨 지병이 있는지도 알려 주었어야 했다. 그들이 늦은 이유는 내게 있었다. 나는 급한 마음만 앞세워 거두절미하고 빨리 오라고만 했지 아무 정보도 제공하지 않은 것이다.

"이제 집으로 가셔도 됩니다."

의사가 말했다.

엄청난 파고를 겪은 나는 온몸이 뜨거운 물을 뒤집어쓴 푸성귀처럼 축 늘어졌지만 얼마나 감사한지.

깃털보다 더 가벼운 것이 사람의 목숨이라는 것이 너무 무섭다. 아무리 수십 년을 함께 살았어도 한순간에 놓칠 수 있는 게 믿어지지가 않았다.

천당과 지옥

간호사가 종이 한 장을 주며 빨간 선만 따라가란다. 복도에 정말 빨간 선이 그어져 있다. 종합병원에 오면 곧잘 헤매게 되는데 묻지 않고 무조건 선만 따라가면 된다니 다행이다.

따라가니 재미도 있다. 한 굽이 돌아가면 편의점도 있고 또 한 굽이 돌아가면 식당도 입맛대로 있다. 커피점도 한두 곳 지난다. 병원 지하가 이렇게 넓은 줄 몰랐다. 그야말로 없는 것 빼놓고는 다 있다.

빨간 선이 아니었으면 정말 헤맸을 것이다. 지시한 대로 가서 종이를 내미니 다시 따라오라면서 이번에는 간호사가 앞장서서 간다. 두어 굽이를 돌아가니 조그마한 대기실이 나온다. 거기 앉아서 기다리란다.

잠시 후 다른 간호사가 와서 기재할 사항을 쓰란다. 설문 조사가 끝나자 모든 쇠붙이는 다 벗어 놓으란다. 시계, 반지, 목걸이, 안경을 남편에게 맡기고 나니 오른팔에 주사기를 꽂는다. 검사 중에 약이 투여된단다. 그러면서 내가 제일 무서워하는 주삿바늘을 다시 팔에 꽂는다.

이래서 검사 같은 것은 절대 안할 생각이었다. 죽을 날이 오면 조용히 자연사 하리라. 그런데 친절한 우리 딸 때문에 그것도 마음대로 되지 않을 모양이다. 멀쩡한 나를 기억력이 쇠퇴해 가고 있다나? 요즘 보면 제가 더 정신없어 보이는데 말이다. 나는 그런 딸이 못마땅해 죽을 지경인데 이길 도리가 없다. 제 아버지를 앞세워 나를 이렇게 병원에 오게 한 것이다.

주삿바늘을 꽂은 채 검사실로 들어서는데 공기부터 다르다. 사방에서 냉기가 돈다. 금속성의 긴 침대에 누우란다. 차디찬 곳에 눕기가 내키지 않는데 이불을 덮어 준단다. 이제부터 사십 분 동안 검사에 들어간다고 한다. 나는 무슨 검사인지 물었다. MRI 검사란다. '이런 검사를 왜 해요' 하려다 만다. 그게 다 시어머니 같은 딸 때문이다. 시키는 대로 찬 금속성에 눕는다. 퍼뜩 관 속이 이렇겠구나 하는 생각이 든다.

덮어 주기는 했는데 썰렁하기는 마찬가지다. 머리를 고정시키더니 머리 위로 몇 가지를 더 씌운다. 왠지 으스스하기도 하고 두렵기도 하다. 귀에 이어폰을 끼워 주면서 무슨 음악을 좋아하느냐고 묻는다. 지금 들리는 곡은 피아노 선율이 위에서 아래로 마구 쏟아지는 곡이었는데 낯설었다. 가곡을 부탁한다고 하고 눈을 꼭 감는다.

왼손에 호출기를 쥐어 주며 비상시에 누르란다. 윙 소리와 함께 몸이 밀려들어가더니 덜커덕 소리와 함께 멈춘다. 죽어서 화구에 들어갈 때도 이렇게 밀려들어갈 테지. 잠시 조용하다 했더니 귀에서 로봇 같은 음성이 들려온다.

"앞으로 오 분 검사에 들어갑니다. 머리를 움직이시면 안 됩니다."

또 다른 귀에서는 바로 '아베 마리아'의 애절한 선율이 흘러나온다. 16세기 영국 여왕에게 대항하던 더글러스의 딸 엘렌이 호반 위에 있는 성모상 앞에서 아버지의

죄를 용서해 달라는 간절한 호소가 실려 있는 노래다. 내 딸도 이렇게 엄마를 위해서 기도나 하지 이게 뭐람.

조금 있으니 거칠고 무례하기 이를 데 없는 굵은 굉음이 고막을 때린다. 순간 소리를 지를 뻔하다 겨우 성모송에 매달린다. 우리 가톨릭 신자들은 위급할 때면 곧잘 매달리는 곳이 성모송이다.

큰애 수능시험 때다. 학생들이 교실로 다 들어가자 한 학부형이 자기는 아무 종교도 없다며 교문 안쪽에 엿을 붙이기 시작했다. 무엇이든 붙잡으려는 모양인데 날씨가 너무 추워서 생각처럼 엿은 쉽게 붙지 않았다. 갑자기 그 학부형 생각이 난다. 이렇게 무서울 때 매달릴 곳이 있다는 게 얼마나 다행인가.

성모송 끝을 잡고 있는데 굉음이 멈춘다. 비로소 풍랑 속을 헤매다 잔잔한 호수에 올라앉은 기분이다. 잠시 한숨을 돌리는데 다시 차디찬 음성이 들려온다.

"또 오 분입니다. 머리를 움직이면 안 됩니다."

이번에는 가볍게 톡톡 친다. 다행이다 싶었는데 웬걸, 갑자기 쾅쾅 때리는데 머리 속에 통증이 없는 게 기이하다. 그래도 그 소리에 혼비백산을 했는지 로사리오 기도는 흔적도 없이 사라지고 아베 마리아도 들렸다 사라졌다 다시 들리고, 천당과 지옥을 오르내리는 것 같더니 멈춘다.

이번에는 삼 분이란다. 숨 쉴 틈도 주지 않는다. 동시에 모터보트 굉음이 났다. 망망대해를 전속력으로 내달리는데 나를 금방 물속에 처박아 놓을 기세다. 순간 안 떨어지려고 배 모서리를 힘껏 부여잡고 안간힘을 쓰면서 매달릴 수밖에. 금방이라고 거친 파도가 게눈 감추듯 나를 꿀꺽 삼킬 것만 같았지만 소리를 지르지는 않는다. 멀리서 구노의 아베 마리아가 가물가물 들려온다. 잠시 후 무섭던 속력을 멈추고 배는 무사히 선착장에 도착한 모양이다.

겨우 숨을 내쉬는데 다시 오 분이란다. 금방 민방위 사이렌 소리가 들린다. 공중 높이 내달리는 그 금속성 소리는 하늘을 향해 끝없이 올라가고 있다. 아무리 귀를 틀어막아도 쥐구멍 속에 있는 쥐까지도 놀라 달아날 것 같은 그 소리는 계속 하늘 위로 올라가고 있다. 실제로 매달 15일 사이렌 소리는 몇 분 울리는지 잘 모른다. 지금 그 소리는 말이 오 분이지 삼십 분도 더 되는 것 같다.

내 인내가 어디만큼 가고 있는 것일까. 전전긍긍하는데 간호사가 “이제 다 끝났습니다” 한다. 카치니의 환상적인 마리아가 높게 울려 퍼지면서 그동안의 공포를 눈 녹듯 사라지게 한 다음 끝이 났다.

어느 신부님은 지옥도 마귀도 없다고 했다. 다만 육신에서 나오는 수만 가지 반응 중에서 가장 싫어하는 소리에 육신이 공포를 느끼고 있을 뿐이라고. 오늘 그 소리들은 모두 지옥을 방불케 하는 공포의 소리였나 보다.

잠시 후 금속성 침대가 움직이면서 무사히 터널을 빠져나온다. 애들을 모아놓고 유언을 해야겠다. 설령 어느 날 의식이 돌아오지 않더라도 다시는 이런 곳에 데려오지 말고 가족들 앞에서 조용히 눈감을 수 있도록 도와달라고. 나는 그 말을 열두 번도 더 되뇌며 병원 문을 나섰다.

이천이백 원의 횡재

생각해 보면 나는 시대에 한참 뒤떨어진 사람이다. 요새 새로 나온 스마트폰은 말할 것도 없고, 컴퓨터도 제대로 이용할 줄 모른다. 그뿐인가. 남이 다 하는 운전도 못한다. 그러다 보니 자연 대중교통 신봉자가 되어 버렸다. 그중에서도 특히 버스를 즐겨 탄다.

버스의 즐거움은 높이 앉아 달리는 차 속에서 세상을 내려다보듯 지나가는 차를 내려다보는 것이고, 평소에는 좀처럼 올려다보지 않던 하늘을 바라보며 흘러가는 구름도 보는 여유로움을 즐길 수 있어 좋다.

요즘 버스 전용 차선이 있어 어디서나 정체 없이 잘

달리지만, 전용 차선이 없는 곳에서는 영리한 기사 양반이 차선을 넘나들며 줄줄이 서 있는 차 속을 뚫고 신호를 무시하고 달릴 때는 괜히 덩달아 신이 난다. 남이 하면 불륜이요 내가 하면 로맨스란 말이 딱 맞다.

그렇게 버스가 달리는 중에 아는 대중가요라도 나오면 이건 또 다른 세계다. 평소에는 듣지도 않던 가요가 버스에서는 왜 그리 구성지게 들리는지. 어느 때는 손바닥으로 박자를 치며 속으로 흥얼거리기도 하고, 취해서 지구 끝까지 달려 주었으면 할 때도 있다. 더욱이 사랑타령이 나오면 절절한 사랑 한번 못해 봤으면서 뭐가 그리 애절한지 가슴이 촉촉이 젖어 정류장에 닿아도 내릴 생각을 않을 때도 있다.

물론 전혀 그렇지 않은 버스도 있다. 간밤에 꿈자리가 어수선하면 만나는 버스다. 그런 버스는 처음부터 느낌이 다르다. 느릿느릿 무겁게 삐그덕삐그덕 움직이는 것부터가 그렇다. 신호가 바뀌려면 제가 먼저 알아서 서고, 뒤차가 줄줄이 앞을 질러 달려도 그러거나 말거나 그 무거운 몸체를 좌우로 기우뚱거리며 세월아 네월아 할 땐 속이 터져 기사 뒤통수를 골백번도 더 보다 그만 차에서 내려 다른 버스로 갈아탈 때도 있다. 이렇게 느린 기사는 집에 가서 낮잠이나 자지.

뭐니 뭐니 해도 분당에 사는 딸네 갈 때 타는 좌석버스처럼 신바람 나는 버스도 없다. 일반 버스보다 빠르기도 하려니와 물찬 제비처럼 요리조리 시내를 빠져나오기가 무섭게 달릴 때는 싱싱 그 자체다. 크고 작은 차들이 길 위에 거북이처럼 엎드려 가는 둥 마는 둥하는 동안 그들 앞을 마음껏 날릴 때는 우리 애들이 자랄 때 부르던 마징가 제트가 따로 없다. 두 팔을 활짝 펴고 하늘 위를 붕붕 날면서 달리는 것 같은 경쾌함은 말로 다 표현이 안 된다. 거칠 것 없는 세상에 거칠 것 없이 달리는 이 기분. 어느 캐럴처럼 '상쾌도 하다!' 바로 그 절정인 것이다.

또 다른 매력은 환승이다. 옛날에는 버스 요금이 조금만 올라도 신문에 온통 버스 이야기로 장안이 들썩들썩했는데, 요즈음은 요금이 올라도 올렸는지 통 말이 없다. 그게 다 환승 때문이 아닌가 싶다. 그 환승 때문에 최근에 염치없이 웃었던 이야기가 있다.

우리 집 양반과 함께 버스를 타고 시내로 들어갔다. 내려서 문고에 들러 책 한 권을 사고, 버스카드를 충진하러고 지하철역을 다녀왔다. 그리고 약속 장소로 가기 위해 다시 그 자리에 와서 버스를 기다리다 탔다. 카드를 댔다.

'환승입니다.'

우리는 마주 보며 눈을 크게 떴다. 그러잖아도 환승하려고 책은 오면서 사자고 했는데 늦으면 문을 닫는다고 환승을 포기하고 다녀온 것이다. 책 사는 데 걸린 시간, 카드 충전하느라 지하철역까지 다녀오는 데 걸린 시간, 다시 와서 버스를 기다린 시간, 그러니 환승은 생각조차 할 수 없는 시간이 흐른 것이다.

그런데 환승이라니. "와! 이거 횡재 아니야." 웃음이 터져 나왔다. 나도 어지간히 공짜를 좋아하기는 하지만 이건 전혀 예상 못한 일이었다. 기계가 노망한 것은 아닐 테고 이게 웬 횡재지? 이천 몇백 원이 이렇게 기분 좋을 줄이야. 웃음이 끊일 줄을 몰랐다. 창피해서 입을 틀어막는데도 웃음이 손가락 사이로 마구 터져 나왔다.

예상 못한 환승이 예상 못한 즐거움이 된 것이다. 대중교통만 이용하는 나에게 이런 쏠쏠한 맛은 살아가는 데 윤활유가 아닌가 한다. 각박한 세상일수록 더러 이런 윤활유가 필요하지 않을까.

그게 너였으면 좋겠다

광화문 네거리에서 교보문고 쪽으로 고개를 돌리면 벽면에 쓰여 있는 커다란 글귀가 눈에 들어온다. 나는 버스를 타고 오가며 그 글귀를 자주 읽곤 한다. 어휘가 좀 어색할 때도 있지만 내용이 신선하다.

'눈과 얼음의 틈새를 뚫고 가장 먼저 밀어 올리는 들꽃, 그게 너였으면 좋겠다.'

해가 바뀌어도 그 글귀는 그대로 있었다. 그런데 그 너는 누구일까. 오가며 쳐다볼 때마다 내 머릿속에선 그 '너' 가 자꾸 바뀌고 있었다. 요즘 부모들의 욕심에 딱 맞는 내용이기도 하고, 세상을 열어 놓고 젊은이에게 바라는 희망 같기도 하고.

며칠 전 신문에서 읽은 청년이 생각났다. 그의 부모는 물론 친척, 이웃 모두가 부러워하며 찬사를 보냈을 청년이다. 하늘의 별 따기만큼 힘든 취직, 그것도 재벌 회사에 취직이 되었으니 본인의 기쁨은 말할 것도 없고, 그 부모는 아들 자랑으로 아마 밤을 새웠을 것이다. 그런 아들이 일 년 만에 회사 기숙사 13층 옥상에서 스스로 몸을 던진 것이다.

그 청년에게 무슨 일이 있었던 것일까. 인성을 중시하는 회사인 만큼 청년의 성격이나 가정사에는 한 점의 하자도 없었음이 분명했다. 학적부에도 명랑하고 친화력이 뛰어나며 끈기 있는 학생이라고 되어 있다고 한다. 청년은 화학약품을 다루는 업무를 했다는데, 열두 시간의 중노동 탓인지 육 개월 만에 피부병에 시달렸다. 다른 부서로 옮기기도 하고 병가도 받았지만, 병가가 끝나고 복귀하려는 바로 그날 새벽에 몸을 던진 것이다. 왜 그런 선택을 할 수밖에 없었을까.

요즘 형편에 힘들다고 회사를 그만두겠다는 말은 사치다. 취업 선호도 1위인 직장을 몸이 아프다고 병가도

냈으면서 그만두겠다는 것은 누구에게도 설명이 안 되는 말인지도 모른다. 더욱이 아들을 자랑스럽게 여기는 부모님에게는 더욱 할 수 없는 말일지 모른다.

먹기 위해 산다는 사람도 있지만 희망이 없으면 먹는 건 연명이지 사는 게 아니다. 눈물 젖은 빵도 희망이 있을 때 이야기다. 희망이 없으면 고사枯死될 수밖에 없다. 육체도 중요하지만 정신은 더 중요하다. 육체를 떠받치는 힘은 먹이가 아니라 정신일 수도 있다. 정신적 압박에 육체적 고통까지 겹친다면 출구가 없다. 더욱이 소통이 안 되는 분위기라면 숨통이 꽉 막힐 수도 있다. 경우에 따라서는 정신이 황폐해질 수도 있다. 그런 여러 가지 정황을 생각해 본다.

요즘 재벌 회사란 돈만 벌면 된다는 신조로 살아온 기업들이 대부분이라고 나는 생각한다. 법도 정의도 다 무시하고 오직 돈으로 하나의 왕국을 이룬 기업들. 그들 때문에 많은 사람이 먹고 살아가기도 하지만 그들 때문에 많은 사람이 시들어가기도 한다. 재벌들은 신문지상에서 보면 아무리 범법을 해도 법의 심판을 별로 받지 않는 걸로 인식되어 있다.

실제로 우리나라 수많은 사람을 먹여 살리는 기업을 감히 누가 벌을 내린단 말이냐, 흥분하는 시민도 있다. 아무리 그렇더라도 법을 어기고 부도덕한 짓을 해도 사회에서 명쾌한 심판을 받은 일이 거의 없다면 그건 공정한 사회라 할 수 없다. 법이란 공정해야 하는데 그 칼끝이 힘없는 쪽에만 적용된다면 그 울분은 약자의 몫일 수밖에.

처음에 교보문고 벽에 쓰여 있는 '너'는 바로 그 청년이 아니었을까 생각해 본다.

하늘에 한 점 부끄러움도 없는 가장 작은 들꽃으로 청년은 열심히 노력한 만큼 정당한 대우를 받는 사회에 첫발을 내디뎠다고 믿었을 것이다. 당연 이 나라는 그런 사회를 우리 젊은이에게 물려주었을 것으로 생각했을 너. 허나 근로기준법도 제대로 지키지 않아 육체는 고갈되어 가고, 정신적 고통은 출구가 없음을 경험한 그 청년이 택한 길은 어떤 것이었을까.

경제 부흥을 빌미로 돈만이 제일이라는 인식을 사회 구석구석까지 심어 준 재벌들은 돈으로 눈덩이처럼 기업을 키워 놓고는 근로기준법도 제대로 지키지 않아 젊은

육체들이 고사되어 간다면, 그래도 우리는 경제대국을 위해서 견디어야만 되는 것일까? 그건 젊은이에게는 사회가 아니라 지옥일 수도 있다.

도덕경에도 쌓고 축적에만 몰두하지 말고 덜어내고 나누는 삶을 살아야 한다고 되어 있다.

돈을 벌면 먼저 작업 환경부터 개선해 주는 사회, 그런 사회가 우리에게는 요원한 것일까.

청년은 점점 파괴되어 가는 육체와 정신을 보면서 스스로 자괴감에 빠지지 않았을까 생각해 본다. 그가 바로 모든 젊은이들에게 희망이 되었을 '너' 인지도 모르는데 말이다.

며칠 전 청년의 부모가 아들 주검을 안고 회사에 가서 하소연했다는 기사를 읽었다. 회사는 역시 모르쇠였다. 그게 오늘의 기업이 아닌가 싶다. 회사는 그렇게 해서 한 사원을 잃었지만 우리 사회는 천금 같은 한 가정을 또 그렇게 송두리째 잃었다.

그림 이야기

우리 집 식탁 앞에 예쁜 그림 하나가 걸려 있다. 가로 20센티, 세로 10센티. 아주 밝고 강한 빛이 하늘에서는 어두움을 뚫고, 땅에서는 숲을 뚫고 이쪽을 향하여 쏟아지는 그림이다. 이 그림은 칠십이 넘은 노철학교수가 물감으로 그린 것인데, 그 빛을 보고 있노라면 어떻게 저런 강렬한 빛을 물감으로 표현할 수 있을까 놀란다. 이 그림이 내게 오게 된 경위는 좀 색다르다

어느 날 버스에서 내리는데 동네에서 주사를 놔주는 간호사를 만났다. 나를 보자마자 환자 한 분을 찾아가 보란다. 딸과 함께 사는 노부부인데 부인은 오래전부터

병석에 누워 있고 교적은 명동에 있는데 십칠 년 동안 살면서 한 번도 우리 성당에 나오지 않은, 이웃과 전혀 왕래가 없는 사람이라고 했다. 어쩌면 문을 열어 주지 않을지도 모르지만 꼭 한번 찾아가 보란다.

바로 찾아갔다. 대문은 능소화 넝쿨이 어지럽게 늘어져 있는 녹슨 철대문이었다.

벨을 눌렀다. 아무 기척이 없었다. 빈 집이 아님은 분명해서 다시 벨을 눌렀다. 현관문이 열리면서 신을 끄는 소리가 났다

"뉘시오."

잠시 긴장이 흘렀다.

"저 성당에서 왔습니다. 환자를 만났으면 합니다."

조금 망설이는가 싶더니 대문이 찰카닥 열렸다. 어떻게 알았느냐는 듯이 의아한 눈으로 나를 보자 방금 간호사를 만났다고 했다.

"들어오시오."

백발의 노인이 앞장을 섰다. 잔디밭을 지나 현관 안으로 들어섰다. 실내는 어두웠고 벽과 가구들은 문을 열어 준 노인처럼 오래 묵은 것들이 눈에 보였다.

들어서면서 물었다.

"환자가 많이 아프신가요?"

암이 여러 곳으로 전이되어 수술을 여러 번 했고 지금은 진통제로 연명을 하고 있단다. 안방으로 들어갔다. 한낮인데도 빛을 막아 버린 커튼 때문에 방은 더 어두웠다. 그래도 누워 있는 환자를 보는 순간 낯이 익었다. 내가 앉자 환자도 나를 알아보는 눈치였다.

"저를 아시겠어요?"

환자는 희미하게 안다는 표시를 했다. 그게 몇 년 전이었더라.

"우리 성당에서 함께 합창을 했지요?"

역시 가늘게 고개를 끄덕였다. 잠깐 아주 잠깐 함께 합창을 한 적이 있었던 것이다. 오랜 병환으로 옛 모습은 어디에도 없었지만, 그래도 서로 알아볼 수 있다는 게 얼마나 다행인지. 용기를 내어 물었다.

"신부님을 모시고 올까요?"

그러자 환자는 좋다는 표정을 지으며 아주 약하게 "네"라고 대답했다. 싫다고 고개를 저으면 어떻게 하나 걱정했는데 마음이 놓였다. 몇 마디 나누다가 다음 날로 약속을 하고 나왔다.

성당에서는 운명하기 전에 받는 성사가 있다. 모든 죄에 대한 사함을 받고 가벼운 마음으로 이 세상을 떠날 수 있게 주는 성사다. 교우라면 누구나 임종이 가까운 환자에게 이 성사를 받도록 도와주어야 한다. 그런데 단신으로 이북에서 피란 나와 만난 부부라 딸 외는 오는 사람도 가는 사람도 없단다.

약속한 날 신부님을 모시고 갔다. 신부님을 보자 환자는 사력을 다해 일어나려고 애를 썼다. 신부님이 부축하여 겨우 앉히고 성사를 보겠느냐고 묻자 환자는 고개를 끄덕였다. 신부님은 성호를 긋고 한 팔로 온통 헝클어진 머리를 감싸안고 귀를 환자 입 가까이에 댔다.

시간이 흘렀다. 신부님이 기도를 끝내고 성체를 준비하는 동안 환자는 앙상한 팔로 가느다란 다리를 억지로 끌어다 무릎을 꿇으려고 안간힘을 썼다. 암이 여러 곳으로 전이되어 몇 번의 수술로 만신창이가 된 몸이다. 뼈만 앙상한 몸은 검불 하나 들 힘도 없어 보이는데 성체를 모시려고 무릎을 꿇으려는 그 모습에서 "겨자씨만한 믿음만 있어도…"라는 성경 구절이 생각났다. 성체를 영하자 그녀는 다시 누웠다. 얼굴이 아주 평온해 보였다.

며칠 뒤 교우와 함께 다시 그 집을 찾아갔다. 성사를 본 이후 환자의 모든 동작은 멈추어졌다고 한다. 환자는 겨우 숨을 쉬고 있었지만 모든 게 정지되어 보였다. 고통도 보이지 않았다. 임종이 가까웠음을 짐작게 했다. 인사를 하고 나왔지만 오늘 밤을 넘기기가 어려울 것 같았다. 만일의 경우 부녀만이 임종을 지킨다는 게 너무 쓸쓸해 보였다.

"오늘 밤 이 집에 있습시다."

우린 나왔던 길을 되돌아갔다. 그리고 환자와 멀찌감치 떨어진 곳에 앉아 임종 기도를 바치기 시작했다. 새벽 세 시쯤 되었을까. 환자가 숨을 몰아쉬었다. 임종이 가까이 온 것 같았다. 환자가 가늘게 눈을 떴다. 그리고 초점 없는 시선으로 방안을 천천히 둘러보기 시작했다. 벽이며 드리워진 커튼이며 천장까지. 그러다가 앉아 있는 우리에게도 시선을 주더니 옆에 앉은 남편에게 멈추어졌다. 잠시 남편에게 멈추어진 시선이 천천히 딸에게로 옮겨 갔다.

이 세상에서 단 하나뿐인 핏줄, 온 세상과도 바꿀 수

없는 귀중하고도 귀중한 딸, 그 과년한 딸에게 짝도 맺어 주지 못하고 떠나는 엄마의 애절함인가. 아무 표정도 없는 눈에서 눈물이 주르륵 흘렀다. 딸은 엄마의 눈물을 닦아 주며 흐느꼈다.

"엄마, 나 괜찮아, 걱정하지 마!"

두 모녀의 시선은 꺼져가는 모닥불처럼 길게 이어지다 서서히 멈추어지고 딸의 흐느낌만 들려왔다.

이 세상에 태어나 부모의 딸로서, 한 남자의 아내로서, 그리고 하나뿐인 딸의 엄마로서 열심히 살다 마지막으로 딸의 모습을 아련히 눈에 담고 조용히 생을 마감한 것이다.

결국 사는 것과 죽는 것은 종이 한 장 차이가 아닌가 싶다. 긴 삶이라는데 주검 앞에서는 어디에도 그 긴 삶은 보이지 않았다. 흔적도 없이 사라질 삶을 우리는 왜 이렇게 살아야 하는 것일까. 성당 연령회에 부음을 알리고 조용히 그 집을 나왔다.

나는 지금도 돌아가신 환자의 믿음이 나를 그 집으로 인도했다고 생각한다.

그래도 퇴임한 노교수님은 가장 정성스레 그린 이 그림

을 내게 꼭 주고 싶다며 가져오셨다.

그분은 대학교재를 여러 권 쓰신 철학을 강의하는 분이었다. 퇴임 후 물감을 소재로 우주의 모든 것을 빛으로 표현하고 싶으셨다며 그린 그림 중 하나다.

지금도 그 그림은 우리 집 식탁 위에 걸려 있다. 나는 원래 그림에는 문외한이지만, 어느 시대 어느 유명한 화가의 그림도 나를 이렇게 매혹시킨 적은 없다. 빛이 쏟아지는 그곳은 분명 희망이 가득한 세상을 말함일 것이다. 그분은 내게 희망이 가득한 빛을 주고 싶으셨던 것 같다.

4.
미꾸라지는 알고 있다

여왕의 선물

여기는 경주다. 천년고도의 뿌리가 곳곳에 박혀 있는 곳. 넓게 펼쳐진 들에는 꽃들이 끊임없이 피고 지고, 어느 곳을 파든 옛 신라의 흔적이 마구 쏟아져 나온다는, 그 자체가 박물관인 이곳 경주.

그 천년의 맛을 우리는 '라궁'에서 먼저 찾기로 했다. 신라의 궁궐을 재현해 놓은 호텔식 건물로 옛 신라 왕궁의 정취를 담아 지었다는데 문마다 문양이 화려하고 나뭇결이 생생하게 살아 있어 고풍스러운 옛 목조 건물을 음미하기에 아주 적절한 곳이다.

하지만 이 호텔의 진수는 깊숙이 집 한가운데 들어앉은

네모반듯한 화강암으로 된 노천탕이 아닌가 싶다. 봉황이 날아갈 듯 치솟은 까만 기와지붕 아래서 높은 하늘을 우러러보며 뜨거운 온천욕을 즐기는 이 호사를 신라 왕들도 과연 누렸을까. 이 온천탕은 수도꼭지만 틀면 뜨거운 온천수가 언제든 콸콸 쏟아진다.

신라 왕 집에서 하루를 묵고 다음 날은 선덕여왕 능을 가기로 했다. 바람이 몹시 불었지만 예정대로 출발하기로 했다. 두 사람은 옷을 단단히 여미고, 나는 머플러까지 동원하여 중무장을 했다.

버스 길로 내려오자 울산으로 가는 큰 길목이 나온다. 그 길은 폭도 넓고 차들이 어찌나 빨리 달리던지 건너가기가 아주 위험하다. 위험을 무릅쓰고 바람 속을 뚫고 뛰어가 버스를 타려고 하자 기사가 다시 건너가서 타라고 했다. 결국 택시를 타고 말았다.

선덕여왕 능에 가자고 하자 기사가 깜짝 놀랐다. 여왕 능을 찾는 사람을 지금껏 보지 못했다는 것이다. 우리도 여러 번 왔지만 능을 생각한 것은 이번이 처음이다.

초입부터 길은 편했다. 가파르지도 않고 언덕처럼 이어지면서 높지 않아 편히 걸을 수 있었다.

숲속에서 본 여왕의 능은 거대했다. 높이가 6.8미터, 둘레가 74미터, 지름이 24미터, 확 트인 곳은 아니지만 오래 묵은 소나무로 둘러싸여 아늑하고 운치가 있었다. 천년의 정취가 바로 이런 것인가.

짙게 둘러 있는 솔숲에서 유일하게 능 위로 하늘이 넓게 열려 있어 수미산 꼭대기의 도리천이 바로 이런 곳이 아닌가 싶었다.

능에는 아무 장식도 없고 왕의 능이라는 표지 하나만 덩그러니 서 있었다. 소박한 것인지 아니면 세월에 훼손된 탓인지 아무 장식이 없다는 게 너무 의외였다.

천사백여 년이란 시간이 잠든 곳. 우리가 살아보지 못한 수많은 이야기가 깊이 잠들어 있는 곳. 그 시간 속으로 거슬러 올라가 여자로서 실제 왕에 오르기까지 결코 순탄하지 않았을 텐데 몇 줄의 설명으로 여왕을 어림잡아 짐작해 보기엔 너무 아쉬웠다. 그래서인지 드라마로 본 선덕여왕이 생각났다.

첨성대를 비롯해 분황사, 황룡사 9층 목탑도 건립한 그 여왕 옆에 지금 우리가 서 있다. 능 주변에 있는 울창한 소나무 숲은 살아생전 여왕을 보필하던 장수들처럼 자손대대로 여왕의 능을 지켰을 것을 생각하니 숙연해졌다.

능을 어루만지며 한 바퀴 돌아보았다. 천사백 년이란 세월이 전혀 느껴지지 않은 이 따뜻함은 무엇일까. 한 뿌리라는, 한 민족이라는 거대한 울타리를 생각해 봤다. 소박하고 인정 넘치는 옛 언어, 옛 풍습도.

탑돌이 하듯 능 주위를 돌자 나를 감싸는 듯한 따뜻한 기운이 더 강하게 느껴졌다. 몇 바퀴 더 돌았다. 친근감도 들었다. 얼마나 시간이 지났을까. 능 위로 아직 하늘은 환하게 펼쳐져 있는데 능은 벌써 그늘이 지고 있었다. 여왕은 다시 먼 시간 속으로 잠기는지 따뜻한 기운이 서서히 걷히면서 나는 추위를 느꼈다.

머플러가 생각나 어깨 위로 올리려는데 잡히지 않았다. 주위를 둘러보았다. 머플러는 없었다. 아무리 찾아보아도 없었다. 그때서야 어렴풋이 생각이 났다. 버스를 타려고 바람 속을 뛰어다니던 일이. 바람이 워낙 세게 불었던 것이다.

지난번 이스탄불 여행 때 사온 부드러운 무지 머플러다. 아까웠지만 여왕과의 만남인데 이쯤의 대가는 당연히 치러야 한다고 생각하기로 하자.

다음 날 아침 차를 타러 숙소에서 내려오고 있었다. 이미 머플러는 잊자고 마음먹었는데 여왕에 대한 신뢰였을까, 누군가가 주인이 찾아가도록 어딘가에 놔두었을 것 같은 느낌이 들었다.

그런 생각을 하면서 내려오는데 정말 빨간색 무엇이 눈에 확 들어왔다. 건너편 가로수였다. 믿어지지 않았지만 그대로 뛰어갔다. 분명 내 빨간 머플러였다. 우연 치고는 너무나 신기했다.

여왕은 자신을 찾아준 나에게 머플러만은 꼭 되돌려주고 싶었던 것일까. 그렇지 않고서야 사람도 날려 보낼 만큼 불어대던 바람이 머플러쯤이야 저 산을 넘어도 한참 멀리 날려 보냈을 것이다.

갑자기 여왕이 내게 준 선물임이 분명하다는 확신이 왔다. 그렇다. 이 머플러는 그가 내게 되돌려준 선물이 분명했다. 그렇게 믿으며 어깨 위를 감싸듯 둘렀다. 따듯한 촉감이 온몸에 전해졌다. 능을 돌 때 따스했던 온기, 바로 그 온기가 되살아났다. 그때 여왕은 이미 내게 약속하였는지 모른다. 머플러는 네게 꼭 돌려주마 하고.

하늘을 우러러보았다. 고맙다는 대답을 공중에 띄워 보내고 싶었다. 구름 한 점 없는 화창한 가을 하늘에 드높은 경주 하늘도 우리를 내려다보고 있었다. 마치 잘 가라는 인사처럼.

시월의 어느 날

'서리'란 국어사전을 보면 '떼 지어 남의 물건을 훔쳐 먹는 장난'이라고 되어 있다. 남의 물건을 훔치는데 장난이란 단어가 생뚱맞지만, 짓궂은 장난일 뿐 악의적인 느낌은 없어 재미있게 느껴졌다. 그 서리를 우리는 서울 한복판에서 경험한 적이 있다.

화창한 가을, 등산에 한참 빠져 있던 네 여자는 백운대행을 결정했다. 그것도 우이동을 거쳐 가는 것이 아니라 세검정에서 출발해 북한산 줄기를 타고 백운대까지 갔다 되오는, 건장한 장년도 쉽지 않은 거리인데 여자 넷이 가기로 한 것이다.

대남문을 막 지나자마자 외곬진 곳에 단풍 색깔이며 자태가 얼마나 매혹적이던지 하마터면 발을 멈출 뻔하다 눈을 딱 감고 그대로 직진한 적도 있다. 너희들 아무리 유혹해 봐라, 우리는 간다. 그렇게 곁눈 팔지 않고 달렸건만 점심때가 되어서야 백운대에 도착했다.

백운대란 일단 오르면 명동을 방불케 한다. 사람이 많기도 하지만 여기저기서 기타 치며 노래 부르고, 소리 지르고, 웃고 떠들고 정신을 쏙 빼놓는다. 백운대라는 것을 잊고 만다.

비탈진 바위턱에 겨우 자리를 잡고 앉아 점심을 먹고, 커피를 마시고, 입가심으로 사과 하나를 자르려는데, 식사를 끝낸 건너편 사람들이 자꾸 이쪽을 보고 있어 커피도 남고 해서 친절을 베풀기로 했다.

"아저씨, 커피 한잔 드릴까요?"

"아, 좋지요" 하며 건너왔다.

사과를 자르려다 말고 커피 잔을 챙기려는데 이 사람 봐라.

"커피는 됐습니다. 사과 한 쪽만…."

"사과는 안 됩니다. 우리 넷밖에 없거는요. 미안합니다."

다가오던 걸음을 멈춰서자 세 여자가 나를 쿡쿡 찔렀다. 그냥 주라는 사인이었다. 나는 사과를 네 쪽으로 쪼개어 하나씩 손에 쥐어 주며,

"우리 입가심이야. 이걸 보고 건너오는 사람이 어디 있어?"

내려오면서 미안해하던 네 여자는 한마디씩 거들었다.

"정말 사과가 그렇게 먹고 싶었을까?"

"정말 먹고 싶은 사람이면 못 오지."

"필경 다른 의도가 있었을 거야."

"무슨 의도?"

머쓱해서 돌아선 그 남자에 대해 장난기 어린 추측을 남발하면서 대남문에 도착했을 때는 한밤중 같았다. 그믐밤이었던 것이다. 온 천지가 깜깜해 어디가 어딘지 분간할 수가 없었다. 그래도 대남문에 들어서니 집에 다 온 것처럼 긴장이 풀리면서 시장기와 갈증이 몰려왔다.

물 한잔이 간절했지만 우물을 찾을 수가 없었다. 대신 채소밭이 잡혔다. 더듬어 보니 무밭이었다. 잘됐다. 하나만 실례하자는 거였는데 뽑아 보니 아직 여물지 않은 어린 무였다. 하나를 더 뽑기로 했다. 역시 마찬가지였다.

나누어 먹기엔 너무 작았다. 이 깜깜한 산속에 볼 사람도 없어 마음놓고 뽑은 건 물론 아니지만 갈증이 너무 심해서 결국 하나씩 뽑아 먹을 수밖에 없었다. 작지만 알싸하니 갈증을 채우기에는 그만이었다.

"이런 것을 서리라고 하나?"

"서리는 아니지. 서리라면 거기에 따른 장난기 같은 동기가 있어야 하는데 우리는 지금 절박해서 뽑아 먹은 거잖아."

"서리가 아니면 뭐지?"

"남의 것을 주인 몰래 먹었으니 도둑이지."

"배고파서 먹은 거야."

"장발장은 배고파서 먹은 빵 하나 때문에 십 년 넘게 옥살이를 했다는데, 우리는 무가 네 개야, 네 개."

"갈증에 시장하기까지 한 불쌍한 중생이니까. 이럴 때 무는 보시다, 보시!"

무로 갈증을 풀고 나서인지 갑자기 매몰차게 거절했던 사과 사건이 생각났다. 정말 사과가 먹고 싶었던 것일까. 나는 모처럼의 보시 기회를 거두절미 완강히 거절하고 말았다.

사람이란 한 치 앞도 모른다는 말이 꼭 맞다. 겨우 사과 한 쪽을 그렇게 매몰차게 거절한 내가 몇 시간도 안 되어 무를 서리하게 될 줄이야. 그 사람이 지금 우리를 보았다면 무어라고 했을까.

어두운 산속에서 눈 깜짝할 사이에 거침없이 서리를 해치운 네 여자는 금방 한 일은 깨끗이 잊고 집에서 기다릴 가족을 생각하며 어두운 산길을 부지런히 내려왔다.

폭설 속 등반

우리 집에 자주 드나드는 사돈 청년이 있었다. 나보다 한 학년 위인 대학생이었다. 나는 그를 사돈이라고 불렀다. 사돈은 입담도 좋고, 산에 다닌 경험도 많아 이야깃거리가 무궁무진했다. 그중에서 겨울 산 이야기는 나를 완전히 매료시켰다. 기회가 있으면 나도 한번 꼭 가야지 하고 마음먹었다.

드디어 그 기회가 왔다. 며칠 뒤로 날을 잡았으니 같이 가자고 한다. 막상 기회가 오니 두려움이 앞섰다. 그해 겨울은 몹시 춥고 눈도 자주 왔다. 마음이 내키지 않아 고개를 절레절레 흔들었지만 여럿이 가는 속에 끼어

가면 갈 수도 있겠다 싶어 결국 약속을 했다.

그날이 구정이었다. 해마다 그때쯤이면 무척 추웠는데 그날은 더 심했다. 어른들은 구정 값을 톡톡히 한다고 했다. 거기다 눈까지 왔다. 도저히 갈 수 없다고 생각했다. 미안하다는 말을 하려고 약속 장소로 갔다.

그런데 사돈만 있고 다른 사람은 하나도 보이지 않았다. 나는 깜짝 놀랐다. 사돈은 내가 가지 않겠다고 하자 도리어 더 놀라며 다 준비해 왔으니 무조건 가자고 중주먹을 댔다. 겁이 났지만 얼떨결에 거절을 못하고 출발하고 말았다.

산에 들어서니 눈이 엄청나게 쌓여 있었다. 가지들은 눈 무게에 모두 바닥으로 고개를 늘어뜨리고 조금만 스쳐도 와르르 쏟아졌다. 그렇게 많은 눈은 생전 처음 보았다. 초입인데도 무릎까지 푹푹 빠졌다. 마치 눈이 아니라 눈 바다를 헤엄치는 것처럼 걸었다.

힘은 들었지만 드디어 백운대까지 왔다. 정상은 안 보였으나 거대한 바위가 하늘만큼 큰 눈사람이 되어 앞을 떡하니 가로막고 있었다. 휘몰아치는 바람 때문인지 반은 눈이요 반은 얼음으로 뒤덮인 바윗덩어리는 올려다

보는 것만으로도 기가 질렸다. 거기까지는 눈에 취해 멋모르고 왔지만 그 이상은 도무지 발걸음이 떨어지지 않았다.

사돈은 아무렇지도 않은 표정으로 올라갈 준비를 하고 있었다. 그리고 난간을 꽉 붙들라고 단단히 당부하며 오르려 하고 있었다. 나는 손을 들었다. 이 이상은 못 올라가겠다고 하자 난간만 꽉 붙들면 된다고 앞장섰다. 발 디딜 자리를 내려다보니 눈은 이미 바람에 다 날아가고 반들반들 얼음만 보였다.

남들 다 가는데 난들 왜 못 가겠는가, 난간을 꽉 붙들고 팔에 온 힘을 실었다. 그리고 한발 한발 옮기는데 바람이 어찌나 센지 숨을 들이쉴 수도 내쉴 수도 없었다. 잘못하면 떨어진다는 생각에 몸이 오그라들 듯 겁이 났다. 안되겠다고 소리쳤지만 앞장선 사돈은 들었는지 말았는지 머리를 푹 숙이고 앞만 보고 가고 있었다.

미끄러운 것도 문제지만 바람이 더 문제였다. 난간을 움켜쥔 장갑 안은 땀이 나고 밖은 얼어서 장갑이 두 겹 세 겹 얼음덩어리가 되어 갔다. 영하 20도도 넘는 추위와 바람은 점점 더 날을 세우는지 고개를 돌리는 것조차도 어려워 주변을 살필 수도 없었다. 되돌아가려고 몸을 트니 이미 때는 늦어 되돌아갈 수도 없었다.

할 수 없이 그대로 오르는데 점점 힘에 부쳐 정말 주저앉고 싶었다. 정상은 구름에 가려 끝도 보이지 않고 시간도 느낄 수 없었다. 어디까지 올라가고 있는지 얼마나 더 가야 하는지 알 수도 없고 알 필요도 없었다. 아마 그 순간이 영원히 계속된다 하더라도 어쩔 수가 없었다. 그대로 갈 수밖에.

여기서 후퇴하기는 바람도 빙판도 이미 허락할 단계가 아니었다. 이러다가 하늘 끝까지 간다 하더라도 멈출 수가 없을 것이다. 멈추면 그 자리에서 그대로 추락하거나 그대로 얼음이 될 수밖에 없을 것이다. 바로 그것이 공포였다. 바람과 추위를 어떻게 버티느냐 하는 공포만이 있을 뿐 다른 생각은 전혀 떠오르지 않았다.

공포, 어쩌면 그 공포가 나를 버티게 하는 점인지도 몰랐다. 모든 시간을 바람이 다 삼켜 버렸다. 오직 버티는 그 자체가 전부였다. 얼마나 지났을까. 고개를 떨구고 겨우겨우 숨을 쉬며 발을 옮기고 있는데 어렴풋이 사람 소리가 들려왔다. 바람과 함께 아주 어렴풋이 멀리서.

"정상이다!"

눈썹에 달린 고드름 때문에 눈으로는 아무것도 가늠할 수가 없어 귀가 먼저 들은 것이다.

"정상이다!"

아! 결국 해낸 것인가. '나도 해냈다' 하고 올라서는데 바람이 너무 세찼다. 숨을 쉴 수가 없어서 돌아서는데 눈앞 바로 바위 위에 무엇이 희미하게 보였다. 신기루처럼 뿌옇게 서 있는 것, 눈을 비비고 자세히 보니 그것은 사람이었다. 믿을 수 없었지만 분명 사람 형상이었다. 그것도 한 사람이 아닌 두 사람. 여기서 사람을 만나다니. 그들도 우리를 보자 놀랐는지 누가 먼저랄 것도 없이 서로 다가서며 손을 내밀었다.

"아, 반갑습니다."

"대단하십니다."

그러고 나서 통성명을 했다. 그들도 우리와 똑같은 경로를 밟고 온 학생들이었다. 역시 학생들이 아니고는 이런 무모한 도전은 어림도 없는 일이었다.

학교로 보내 주겠다며 기념사진 한 장을 찍어 주고 그들은 먼저 내려갔다.

멀고도 먼 저 북쪽 끝에서부터 달려와 온몸을 통째로 날려 버릴 것처럼 휘몰아치는 바람. 그것은 광란의 오케스트라였다. 바로 그 오케스트라가 때리고 부수고 요동치며 수만 리를 달려와 쾅쾅, 온 악장을 내 몸 위로 사정없이 연주하고 있는데 왜 그리 시원하고 통쾌하던지. 나는 과연 누구인가. 끓어오르는 감회에 어찌할 바를 몰라 구름바다를 향해 소리를 힘껏 외쳐 보았지만 바람이 다 먹어 버렸는지 들리지도 않았다.

"아, 이 맛! 이 맛 때문에 겨울 산에 오르는 것인가!"

내려올 때는 하나도 무섭지 않았다. 그럴 필요가 없었다. 두 팔로 난간에 매달려 미끄럼을 타듯 내려오면 되었다. 840여 미터나 되는 빙벽을 단숨에 내려갈 듯이 내가 앞장을 서자 사돈이 도리어 겁이 나는지 '천천히'를 연발하며 뒤따라왔다.

이제는 두 번 다시 겁먹지 않으리라. 마주 잡은 두 팔에 힘을 주어 쭉 밀며 미끄러져 내려오면 된다. 그러면서도 아차 하는 순간 위험하기도 하고, 온몸이 대롱대롱 매달리는 위기를 당하기도 했지만 그래도 정말 즐기면서 내려왔다. 올라갈 때보다 몇 백 배나 빠르게, 몇 배나

기분 좋게 빙벽의 맨살을 거칠 것 없이 내려온 것이다.

사돈은 백운대 바로 밑에 있는 백운정이라는 작은 암자로 나를 안내했다. 암자라지만 방 하나에 부엌이 전부인데 주인은 간데없고 객들만 초입부터 왁자지껄했다. 학생들로 보이는 젊은이들이 방안에도 부엌에도 꽉 차 있었다. 오면서 사람이라고는 그림자도 못 보았는데 바로 거기에 모여 있었던 것이다. 그들도 우리와 똑같은 백운대의 용사들이었다.

워낙 북적되다 보니 서로 인사는커녕 빨리 좋은 자리를 잡아 식사하기에 바빴다. 사돈도 이 사람 저 사람을 밀치고 나를 화롯가에 앉게 한 다음 뜨거운 물 한 대접을 가지고 왔다. 우리는 화롯가 한 귀퉁이에 앉아서 사돈이 싸가지고 온 차디찬 김밥을 먹기 시작했다. 넉살 좋은 사돈은 그렇게 안 하면 생전 못 온다며 "잘 왔지요?" 하고 씩 웃었다. 나도 그렇다는 뜻으로 웃으며 열심히 김밥을 먹었다. 이런 것을 꿀맛이라고 하던가. 정말 김밥은 꿀맛 중의 꿀맛이었다.

그때 만일 백운대 앞에서 돌아섰더라면 나는 어떤 모습으로 남았을까.

그 뒤에도 여러 번 백운대를 다녀왔지만 바람 속에서 막막했던 그 순간은 영원히 잊을 수가 없다.

그해 그 겨울을 생각하면 지금도 감회가 새롭다. 바람이, 추위가, 그리고 벼랑들 모두 공포 그 자체였지만 결국 해냈다는 뿌듯함, 그 뿌듯함이 오랫동안 내게 자신감의 원천이 되었는지 모른다. 그래서 오늘날까지 살면서 고비마다 언덕마다 개의치 않고 살아올 수 있었던 건 아닌지 생각해 본다. 그 백운대는 오늘도 변함없이 누군가를 호되게 훈련시키며 그 자리에 그렇게 있는 것이다.

황혼 열차

시간이 하나씩 하나씩 과거로 돌아서고 있다. 그래서 과거는 산더미처럼 쌓이고 현재는 자꾸 작아지는 건 아닌지. 이젠 애들도 각각 제 생활에 정신이 없고, 우리 부부는 반대로 날이 갈수록 남아도는 시간이 버겁다.

언제까지 동당거리며 바쁘게 뛰며 살 줄 알았다. 그게 다 한때였다는 게 어쩐지 서글프기도 하고 허망하기도 하다. 그래서 이제는 여유로운 하루를 나 자신을 위해서 붙들어 볼까 한다.

조금 있으면 애들 아버지 생신이다. 딸애한테 전화가 왔다. "조용한 곳에 가족 식사 예약을 해 놓았는데 엄마

괜찮지?" 한다. 이번 생신도 집에서 하자고 취소하라 했더니, 엄마 힘들어서 안 된다고 한다.

아직은 내 몸이 움직이니 집에서 손자 손녀와 함께 놀면서 밥을 먹고 싶다고 계속 설득했다. 애들은 늘 외식을 주장하지만 아직까지 엄마 음식을 즐기는 건 사실이다. 우리 영감도 집에서 식사하는 것을 더 좋아한다. 그래서 딸을 설득해 놓고 장에 가서 몇 가지를 준비했다.

나는 구절판을 즐겨 하는 편이다. 구절판 하나 잘하면 다른 음식은 크게 준비할 것도 없다. 여러 가지 볶은 야채를 둥글게 색 맞추어 예쁘게 담고 얇게 썬 무를 하루 전에 새콤달콤하게 절여 놓았다가 물기를 쪽 빼서 가운데 놓는다. 그리고 겨자를 곁들이면 된다. 어느 한식집에 가 보아도 우리 집처럼 푸짐하고 예쁜 구절판을 보지 못했다. 그래서인지 애들이 더 좋아한다.

요번에는 질 좋은 한우 등심을 푸짐하게 구워 놓을 참이다. 연한 육질에서 나오는 맛을 애들 아버지도 나도 좋아한다. 그리고 손자들을 위해서 살이 통통 오른 대하를 준비하면 된다. 꽁지와 머리는 그대로 둔 채 껍질을 벗기고 등에 칼집을 내 실 같은 내장을 빼낸 다음, 살짝

간해서 노릇노릇하게 프라이팬에 지져 놓으면 애들에게는 그만이다.

그것이 부족하면 굴비 몇 마리 더 구워 놓고 그리고 김치와 무국만 있으면 된다. 음식 먹는 것보다 손자 손녀들 나대는 것 보는 게 더 좋다. 아들딸이 편안하게 먹도록 나는 어린 손녀들을 맡는다.

네 남매는 밥을 먹으면서 시국 돌아가는 상황에서부터 정치 · 경제 등 다양한 이야기들을 쏟아 놓는다. 큰아들과 사위는 경제통이다. 그러면서도 핵심은 다르다. 큰아들이 사위에게 집을 빨리 팔라고 한다. 사위는 더 있다 팔아야 된다고 한다. 두 사람의 상반된 의견 중 누가 맞을지는 나중에 판명날 것이다.

대화 속에 우리나라 돈 돌아가는 형편과 세계 경제 흐름에 대한 이야기가 나오면 나는 경제를 뭐 아는 것처럼 귀로 열심히 듣는다. 그리고 애들 직장 얘기는 눈도 귀도 크게 열어 놓는다.

상 물리고 과일 먹으면서도 이야기는 계속 이어진다. 나는 손녀 손자와 놀면서도 신경은 아이들 엄마 아빠 이야기에 쏠려 있다. 원래는 나도 몇 마디씩 끼어들었는데 요즘에는 듣기만 한다. 애들이 모처럼 모여 주고받는 모습을 보는 것이 더 즐겁다. 세상 돌아가는 이야기, 직장 이야기, 그래서 이제는 거의 입을 다물고 듣기만 한다.

우리 집 양반이 눈치코치 없이 애들 얘기에 끼어들면 나는 슬쩍 눈치를 한다. 애들 얘기를 하나라도 더 들어야 요즘 돌아가는 세상을 귀동냥할 게 아니냐고 애들이 돌아간 뒤에 어김없이 핀잔을 준다. 영감은 아직도 옛날처럼 애들 의견에 결론 내리기를 좋아한다.

며느리도 딸들도 이야기에 다 참여하기 때문에 부엌에는 그릇들이 산더미처럼 쌓여 있다. 내가 손을 대면 잠깐이면 다 정리할 수 있는데 딸들한테 핀잔 들을 테니 모른 척할 수밖에 없다. 며느리가 과일 준비하는 동안 딸들이 잽싸게 헹구어 식기세척기에 넣고 돌린다.

그러다 보면 얼추 저녁 시간이 된다. 저녁을 먹고 갈 것인가 그대로 갈 것인가 의견이 분분해진다. 마음 같아서는 더 붙들고 저녁도 먹여 보내고 싶지만, 나는 애들 부부에게 그냥 가라고 내몬다. 내일이 일요일이지만 빨리 가서 쉬어야 한다. 그래야 다음 날 출근에 지장이 없다.

애들이 주섬주섬 갈 준비를 하면 나는 등심 한 팩씩

봉지에 담아 주고 또 넣을 게 없나 살핀다. 며느리는 "잘 먹겠습니다" 하고, 딸은 막무가내로 밀어낸다. 엄마는 사러 가기 힘들지만 저희는 바로 앞에 마트가 있어 언제든 손쉽게 살 수 있다고 하지만 나는 결국 쥐어 보낸다.

집에 가서 밥상머리에 앉아 어떻게 이렇게 맛있는 것을 고르시는지 모르겠다며 남편을 바라보며 먹는 딸의 모습이 눈에 선하다.

우리 아들도 아주 잘 먹을 것이다. 이제는 제 새끼 먹이랴, 딸이 둘씩이나 딸려 정신없는 제 마누라 입에 넣어 주는 모습이 조금은 낯설지만 그런 아들 모습도 그려본다. 그래서 헤어질 때 하나라도 더 주고 싶어 안달이 나는가 보다. 옛날처럼 함께 있지는 못하지만 그 아쉬움을 이렇게나마 메우고 나면 나는 갑자기 행복해지면서 활짝 웃는다.

편한 것도 좋지만 이렇게 자식들과 잠시나마 함께하는 시간이 더 즐거워 애들 아버지 생신은 내가 준비하마, 다시 못을 박는다. 대신 아버지에게 용돈이나 두둑이 드려라. 요즘 나이 들수록 필요한 것은 현찰뿐이다. 친구하고 한잔, 이웃하고 한잔, 거기에다 이곳저곳 여행

다니랴, 그것이 자식들이 챙겨 준 용돈이면 이보다 더 좋은 자랑거리가 또 어디 있겠는가. 그것을 나이든 부모의 염치라고 하지 마라. 늙어 가는 부모의 보람인 것이다.

달리는 차창 밖을 내다보듯 가는 하루를 바라보는 동안 오늘도 황혼 열차는 광활한 들판을 힘차게 달리고 있다.

보너스

봉정암에 도착했을 때는 오후 두 시가 지난 뒤였다. 구름도 쉬어 간다는 봉점암. 다녀간 지 십여 년이 넘은 것 같은데, 봉정암의 인기는 날로 더한 것인지 오늘은 다른 날에 비해 적은 편이라는데도 칠팔백 명은 족히 될 것 같다. 그래도 신도들의 작은방은 아직 한산하여 명단을 적고 짐을 풀었다.

봉정암 식사는 줄을 서는 것으로부터 시작한다. 살얼음이 맺히는 추운 산등성이에서 꼬리에 꼬리를 물고 늘어선 줄을 서기란 보통 고역이 아니다. 그러나 이 높은 곳까지 올라왔다는 뿌듯한 자부심에 그것은 아무것도 아니었다. 줄을 서서 받은 식사는 커다란 스텐 대접에 미역 몇 가닥 띄운 국물에 밥 한 주걱, 거기다 지독히 짠 감자 두어 쪽이 전부지만 맛은 꿀맛이다. 그 짠 감자가 따끈따끈한 미역국물을 얼마나 감칠맛 나게 하던지. 칼바람이 부는 한데서 떨며 먹던 그날 그 식사는 어느 진수성찬에 비길 바가 아니었다.

식사를 끝내고 들어오니 방은 이미 꽉 차 있어, 우리는 배낭을 한쪽으로 쌓아놓고 자리에 누웠다. 조금 있으니 열 명 정도 누우면 족할 방에 한 삼십 명은 될 것이다. 자리가 없다고 해도 밖이 워낙 추우니 잠깐 앉아 있다 가겠다던 사람들이 그대로 드러누워 숨쉴 틈 없이 좁혀 왔다.

동시에 방은 점점 뜨거워지기 시작했다. 밖의 매서운 바람을 생각하면 이 얼마나 감지덕지인가 하다가도 견딜 수 없어 엉덩이를 들썩거려 보고 어깨도 들썩거려 보지만, 그럴 적마다 자리만 점점 더 좁혀 올 뿐이다. 방바닥은 점점 인두로 지지는 것처럼 참을 수가 없다. 움직이면 더 좁혀지고 더 뜨거워지고, 열기로 건조해진 공기는 숨쉬기도 힘들고, 추워도 문제지만 이 상황도 문제였다.

참을 때까지 참자 했지만 드디어 나는 팝콘처럼 튀어 오르듯 밖으로 튕겨져 나오고 말았다. 뒤이어 하나둘 튕겨 나왔다. 찬 공기를 마시니 비로소 숨을 쉬는 것 같았지만 시계는 새벽 네 시, 앞으로가 문제였다.

중청봉으로 가자. 누구랄 것도 없이 네 여자는 걸음을 옮기기 시작했다. 별들이 아무리 주먹만하게 커도 칠흑 같은 어둠을 밝혀 주지는 못했다. 손전등 하나로 네 여자 발이 불꽃놀이처럼 움직였다.

드디어 중청봉에 도착했다. 이곳에는 이미 꽤 많은 사람들이 와 있었다. 두꺼운 비닐을 뒤집어쓰고 있는 그들은 대부분 카메라맨이었다. 일출을 기다리는 중이란다. 직업의식이란 참 무서운 것이다. 이 추위에 천금을 준다 해도 마다할 것 같은데, 언제부터 와 있는지는 모르겠지만 무서운 집념이다.

우리도 덩달아 기다리기로 했다. 어두운 길을 찾아오느라 추위는 견딜 만했지만 따끈한 커피 한잔이 너무도 간절했다. 두꺼운 파카를 뒤집어쓰고 왔다 갔다 하면서 추위도 참고 커피도 참고 얼마를 있었을까, 까맣게 드리워져 있는 검은 구름 사이로 갑자기 빛이 반짝했다. 해가 아니고 빛이라니, 정신이 번쩍 났다. 그것은 아주 작은 빛 한 점이었는데 팍 터지는 플래시처럼 그 빛은 강렬했다. 바로 옆에서 다른 빛이 또 터졌다.

조금 있으니 옆에서 좀 큰 빛이 또 터졌다. 이번에는 제일 큰 빛이다. 이어서 아주 작은 빛이 두 개, 일직선으로 주르르 다섯 개가 그렇게 터졌다. 여기저기서 웅성거리며 셔터 누르는 소리가 요란했다. 한 사람이 큰 소리로 외쳤다.

"오십 년 만의 일출입니다."

"그게 무슨 소리예요?"

땅끝마을에서 본 일출은 하늘이 먼저 붉게 열리면서 붉은 핵이 탄생하듯 떠올랐는데, 어디에도 해의 모습은 없다. 다만 빛이 다섯일 뿐. 지구 바로 밑에 있는 해를 위에서 찍어 누르는 검은 구름에 눌려 있다가 뚫린 구름 사이로 빛이 뿜어져 나온 것이란 설명을 듣고서야 납득이 갔다.

대책 없이 밤하늘을 향해 튕겨져 나온 무모함이 이 진귀한 일출을 보기 위함이었던가. 이 순간을 잡으려고 추위와 싸우며 수많은 시간과 노력을 쏟아부운 카메라맨

들에게는 미안했지만 우리는 행운아 중의 행운아였다.

계곡을 찾아 밥을 지을 때는 그 해가 광채를 발하며 우람한 모습으로 솟구칠 때였다. 식사는 물론 커피까지 다 마시고 말끔히 치운 뒤 우리는 산행에서 얻은 이 모든 보너스에 즐거워하고 있는데 아저씨 한 사람이 공중에서 낙하하듯 불쑥 나타났다. 실제로 바로 머리 위 바위에서 내려온 것이다.

"아저씨는 누구세요?"

우리가 밥을 해 먹은 것을 눈치채고 있음이 분명했지만 우리는 시치미를 떼고 물었다. 기도하러 온 사람들을 찾고 있단다. 그들은 바위틈에 숨어서 비닐을 쓰고 밤새 기도하다가 비닐도 쓰레기도 버리고 계곡물까지 더럽힌다고 했다. 우리는 수고하신다며 오징어, 땅콩, 간식거리를 몽땅 넘겨주고 출발했다.

때가 때인 만큼 천불동 계곡에 이르자 사람이 얼마나 많은지, 어젯밤 밥을 타려고 늘어선 줄은 줄도 아니었다. 천만 개의 불상을 연상케 한다는 천불동 계곡에 단풍만큼이나 형형색색인 사람들이 늘어선 것도 구경이라면 구경이었다.

계곡 양옆으로 쭉쭉 뻗은 기암괴석에 붉다 못해 핏빛으로 물든 단풍이 늘어져 있는가 하면, 바위틈에서 빛을 발하면서 위에서 아래로, 아래서 옆으로, 솟아오르듯 늘어지듯 얽히고설켜, 각각으로 있는 모습에 움직일 줄 모르는 줄이 또 하나의 가을을 낳고 있었다.

결국 설악동에 왔을 때는 어둠이 까맣게 깔린 뒤였다. 그날은 우리도 아마 혼을 반쯤 계곡에 떨어뜨리고 왔을 것이다.

하늘이 우리를 특별히 사랑하사 생각도 못한 진귀한 선물을 받고 온 것 같다. 나는 그것을 보너스라고 불렀다.

미꾸라지는 알고 있다

우리 일행은 푸짐하게 저녁식사를 끝낸 뒤 안압지 야경까지 둘러보고 운문산 자연 휴양림으로 가고 있었다. 버스 네 대가 깜깜한 굴속 같은 숲속을 힘겹게 올라가는데 처음부터 예사롭지가 않았다. 경사가 급해지는지 버스가 삐걱거리며 신음 소리를 냈다. 이러다 미끄러지지 않을까 의자를 꼭 붙들고 안간힘을 쓰는데 갑자기 버스가 제자리에서 빙 돌더니 곤두선 것처럼 멈췄다.

무슨 일인가 밖을 내다보니 칠흑같은 어둠 속에 헤드라이트 불빛 사이로 멈춰선 뒤차가 보였다. 무슨 일이 있구나. 불빛 하나 없는 비탈길에서 무슨 일이 벌어진다면 대책이 없다.

간이 콩알만 해지는데 다행히 차가 조금씩 움직였다. 어려운 고비는 넘긴 모양이었다. 너무 긴장해서인지 내릴 때는 힘이 다 빠져 공복감마저 느껴졌다.

다음 날 아침, 어렵게 올라온 운문산 휴양림을 잠만 자고 가기에는 너무나 아쉬워서 주변을 둘러보았다. 해발 1천 미터가 넘는 봉우리들로 둘러싸인 휴양림은 그야말로 첩첩산중이었다. 물소리 나는 개울을 따라 올라가는데 급경사는 그 길만이 아니었다. 모두 곤두서 있었다. 그런 길이 모두 콘크리트로 포장되어, 어제 버스가 왜 그리 쩔쩔맸는지 이유를 알 것 같았다. 새소리, 물소리, 바람소리 모두 의구한데 길도 자연 그대로 놓아 두었으면 좋았을 것을.

더 올라가면 천년 묵은 백룡이 승천하면서 바위에 남긴 꼬리가 변하여 폭포가 된 용미폭포가 있다는데, 너무 시장해서 아쉽지만 중도에 돌아서고 말았다.

우린 다시 차에 올랐다. 아침 식사는 마을로 내려가서 추어탕을 들기로 한 것이다. 어젯밤 그토록 힘들게 한 급경사를 꼭 확인하려고 했는데 마음이 벌써 식당으로 달리는 바람에 그냥 놓치고 말았다.

우리 차가 제일 늦은 모양이었다. 식당은 이미 손님들로 꽉 차 있었다. 우리는 천막이 드리워진 평상으로 안내되었다. 그곳에는 추어탕만 나오면 바로 먹을 수 있게 이미 상이 차려져 있었다. 청년 몇 사람이 큰 쟁반을 들고 이리저리 분주하게 움직이며 음식을 나르고 있었지만 우리 차례는 아직 멀어 보였다.

추어탕은 집에서 쉽게 만들어 먹을 수 있는 음식은 아니다. 그런 음식을 이런 산골에서 먹을 수 있다는 게 마치 우리가 특별한 대접이라도 받는 것 같아 기분이 좋았다.

솜씨마다 맛이 다르고 지역에 따라 차이가 있다는데 여기 추어탕은 어떤 맛일까. 궁금해하며 찬을 이것저것 집어 맛을 보고 있는데, 요즘은 미꾸라지 대신 다른 생선을 갈아 만들기도 한다는 말이 들렸다. 그렇지만 이런 산골에서까지 그럴 리야, 하며 나는 걸쭉한 추어탕을 상상했다.

드디어 청년이 우리 자리로 왔다. 커다란 쟁반에 국 대접을 가득 담아 와서 우리 앞에 한 그릇씩 급히 내려놓고는 번개처럼 달아났다. 나는 입맛을 다시며 수저를 들려다 말고 그만 멈칫했다.

"아니, 추어탕이라더니 된장국이네."

걸쭉한 추어탕을 상상하고 있어서인지 엷은 된장국물은 속이 들여다보일 만큼 맑아 보였다. 아마 우리가 늦게 와서 추어탕이 동이 난 모양이었다. 하기야 이 많은 사람이 갑자기 이런 산골에 들이닥쳤으니 동이 난 건 무리가 아닐 것이다.

이번에는 아가씨가 와서 아직 받지 않은 일행 앞에 국대접을 내려놓았다.

"아가씨, 이거 추어탕이 아니라 된장국이잖아."

보는 눈은 다 같은 모양이었다.

"아입니더, 추어탕입니더."

"말도 안 돼, 이게 무슨 추어탕이야, 멀건 된장국이구만."

"아입니더, 추어탕입니더."

"추어탕인데 국물이 왜 이렇게 멀게."

건너편에서 맞받아쳤다.

"아입니다, 추어탕입니더."

아가씨는 단호하게 한마디 더 내뱉고 급히 가버렸다.

"추어탕 냄새는 나는데?"

옆에 있던 일행 한 사람이 한 수저 들더니 한마디 거들었다.

"미꾸라지가 목욕을 했나 부지."

"미꾸라지는 없지만 정말 추어탕 냄새는 나."

"이건 산초 냄새야, 산초! 산초를 많이 넣었구만."

"아니, 솔직히 된장국이라고 하면 될 텐데 왜 추어탕이라 우기지? 나는 된장국이 더 좋은데."

"된장국과 추어탕, 가격이 다르겠지."

그 말에 그만 모두 입을 다물고 후루룩후루룩 순식간에 국그릇을 깨끗이 비웠다. 모두 시장한 참이라 실은 된장국이건 추어탕이건 그게 그리 큰 문제는 아니었다.

시장이 반찬이어서인지 맛은 의외로 좋았다. 그냥 된장국이라고 했으면 맛좋은 된장국으로 기분 좋게 기억에 남을 뻔했는데 공연히 추어탕이라는 통에 맛있는 된장국이 씁쓸한 추어탕이 되고 만 셈이다. 그래도 뿌듯하게 공복을 채워 주어 추어탕은 곧 우리 머리에서 사라지고 말았다.

하지만 막무가내로 우기던 그 아가씨 음성은 머릿속

에 담아 가지고 온 모양이다.

"아입니더, 추어탕입니더."

지금도 그 아가씨의 단호한 추어탕 소리가 귀에 쟁쟁하다.

그래도 미꾸라지는 알 것이다. 그 국이 추어탕인지 된장국인지.

내 고향은

"빨리 텔레비전 좀 틀어 봐, 우리 고향 나온다."

친구의 말이 끝나기도 전에 전화기를 내려놓고 텔레비전을 켠다. 그리고 화면으로 빨려 들어갈 것처럼 고개를 길게 내밀고 나를 부른다.

"여보, 빨리 와."

고향이란 혼자 보아서는 안 되는 곳인가. 그 친구도 그렇고, 우리 집 양반도 그렇고, 무조건 함께다.

고향이 이북인 친구가 있다. 함께 만나는 신부님도 이북에서 온 분이다. 두 사람은 만나면 고향 김치가 어떻고 고향 만두가 어떻고, 고향 이야기로 꽃을 피운다. 아주 어렸을 때 떠나왔으니 기억조차 희미할 터인데 마치 엊그제 다녀온 사람처럼 주고받는다.

그런 신부님의 고향은 김치다. 특히 장김치가 그렇다. 한 달에 한 번 사제관에 모이면 그날은 신부님 고향 김치를 마음껏 먹고 오는 날이다. 신부님 고향 김치는 젓갈은 아예 넣지 않고, 양지로 육수를 내어 고춧가루는 조금만 넣고 통무로 국물을 만든다. 얼마나 시원한지 별미 중의 별미다. 아삭아삭 씹히는 배추의 생생한 맛도 그렇지만 사이다처럼 톡 쏘는 시원한 국물은 말이 필요 없다. 거기다 국수를 말아 먹으면 숨이 꼴깍 넘어간다. 그래서 신부님 김치는 신부님 고향이다.

그런 고향이 내게는 없다. 고향을 꼭 밝혀야 할 때면 나는 잠시 생각에 잠긴다. 태어난 지 한 달도 안 되어 떠났다는데 그래도 고향이라고 해야 하나 말아야 하나.

고향이란 단어를 찾아보았다. 제가 자란 곳, 제 조상이 오래 누려 살던 곳, 마음이나 영혼의 안식처, 이 셋 중에 어느 것 하나도 나는 적용이 안 된다

우리 어머니는 결혼하자마자 아주 먼 만주 땅, 신경에서 신혼살림을 차리셨다. 나를 낳기 위에 전라남도 나주

에 계신 할머니 댁에 오셨지만 낯설고 불편해 결국 낳은 지 한 달도 안 된 나를 안고 남편에게로 간 것이다. 그 뒤로 나는 한 번도 내가 태어난 곳을 가본 적이 없다. 그리고 서울에 와서 신설동에 살다가 다시 한 번 더 어디론가 이사했다가 지금의 세검정에서 지금껏 살고 있다. 그래서 내가 기억되는 모든 어린 시절은 세검정에 다 있다.

옛날에는 세검정을 자하문 밖이라고 불렀다. 자하문 하나를 두고 안쪽은 문명의 혜택이 가득한 서울특별시이고, 밖은 문명 혜택이라고는 전혀 없는 온통 과일나무로 둘러싸인 산골마을이었다.

봄이면 산과 골짜기에 하얗게 쌓인 눈이 녹아 곳곳에 흐르고, 안개 속에서 파란 새싹이 움트다 울긋불긋 꽃들로 피어나고, 손톱만한 열매들이 뜨거운 태양에 영글어 가면서 가지마다 주렁주렁 익어가던 물 맑고 새 우는 산골마을이 세검정이었다.

폭우가 쏟아지면 삽시간에 쏟아지는 물소리로 천지가 진동하다가도 비가 끝나면 이내 잦아지면서 옥수로 변하는 곳, 세검정.

가을이 되면 소달구지가 심심치 않게 큰길을 지나가

고, 시내 재래식 화장실에서 퍼온 분뇨를 실은 소달구지는 곧장 과일밭으로 향하던 세검정. 그래서 봄이면 달콤한 앵두가 지천으로 열리고, 여름이면 살구, 능금, 자두, 복숭아, 가을이면 밤, 감, 대추가 풍성했던 세검정.

내가 중학교에 들어갈 때 선배 한 사람도 세검정에서 살았다. 그때는 전차 종점이 효자동에 있었다. 전차가 도착하면 경복고, 경기상고 남학생들이 구름처럼 새까맣게 몰려오는 그 사이를 언니는 매일 혼자 가로질러 학교에 가야 했다. 아침마다 혼자 곤욕을 치르던 언니는 내가 입학하자 더 좋아했다. 그때부터 언니는 내가 좀 늦더라도 꼭 기다려 함께 다녔다.

머리를 양 갈래로 땋아 내린 예쁘고 얌전한 언니는 외동딸이지만 아주 엄격한 아버지 밑에서 자라 언제나 단정하고 말수가 적었다. 그런 언니가 우리 학교 규율부장이기도 해 나는 괜히 우쭐하기도 했다.

언니가 대학 다닐 때였던 것 같다. 언니네 과일밭에 커다란 크레인이 등장하기 시작했다. 지금의 상명대가 들어선 것이다. 만약 그때 언니네가 허락하지 않았으면 지금의 상명대는 그곳에 없을 것이다.

그 많던 과일밭이 하나하나 교사로 변하고, 해마다 폭우로 범람하던 개천은 육중한 콘크리트 다리가 되고, 소달구지나 다니던 길은 8차선이 되면서 터널이 세 개나 뚫려 지금의 세검정이 차들로 몸살을 앓을 때, 나는 결혼도 하고 애도 낳고, 그 애들이 다 자라서 손자 손녀를 낳는 모습으로 변할 때까지 지금 살고 있다.

내가 그렇게 나이를 먹는 동안 세검정은 점점 젊어져 싱싱한 모습으로 하루가 다르게 변하고, 세검정 식구들은 다 어디로 갔는지 길에서나 버스 속에서나 만나기가 하늘의 별 따기 만큼이나 어렵다.

이렇게 잔뼈가 굵을 때까지 산 세검정을 내 고향이라고 해도 무방할 터인데, 세검정이 고향이란 말이 나오지 않는 것은 왜일까. 고향에 대한 기억은 단 한 건도 없어도, 그래도 고향만은 내가 세상 밖으로 나온 곳이어야 한다는 생각 때문일까.

고향이 어디냐고 물으면 시원한 '나주배'로 유명하다는 것 외에는 아는 것이라고는 없지만, 그래서 머뭇거릴 수밖에 없지만, 내 고향은 분명 '전라남도 나주'라고 대답한다.

그들은 우리의 이웃인가 적인가

이웃 나라 일본에서 벌어지는 자연 참사를 텔레비전 화면으로 지켜보면서 너무 무서워 숨도 쉴 수가 없었다. 지구 전체가 저렇게 해서 없어질 수도 있겠구나, 하는 공포와 함께 그런 생각도 들었다. 한반도는 지진 안전지대라고 하지만 땅속 깊이 거대한 불덩어리를 안고 있는 지구는 어디고 안전지대란 없을 것이다.

살아남은 사람의 몫은 더 참혹해 보였다. 한 사람이라도 구해야 했고, 시신도 찾아야 했지만 어느 쪽도 손을 댈 수가 없는 상황이 그랬다. 그럼에도 일본인들은 놀랍게도 침착하게 하나하나 수습해 나가고 있었다.

세계 곳곳에서 그런 일본을 보면서 어떻게 도와야 할지 갈피를 잡을 수가 없을 때, 우리는 모금을 시작했다. 온정의 손길은 서울에서 전국으로 번졌다. 나도 일본을 돕자는 전화번호가 뜨면 손가락으로 꾹꾹 눌렀다. 그것밖에 내가 할 수 있는 일이란 아무것도 없었다.

이렇게 모금을 벌이는 우리를 일본 국민은 어떻게 받아들일까. 그들은 우리보다 몇 배 잘사는 나라다. 우리 모금이 혹시나 그들의 자존심을 상하게 하고, 자괴감을 주는 것은 아닐까, 그런 생각을 하고 있을 때 엉뚱한 곳에서 그들에게 뒤통수를 맞았다. 그들은 그 와중에 또 독도를 들먹인 것이다. 나는 정신없이 전화번호를 꾹꾹 누르던 동작을 멈추고 현실을 냉정히 바라보기로 했다.

지금 일본은 쓰나미보다 더 무서운 방사능 때문에 세계가 경악하고 있는 중이다. 자국민을 피난시켜야 하고, 인근 농산물은 먹을 수 없게 되었다. 도시는 유령화되어 가고, 여진은 계속되고, 무엇을 먼저 하고 무엇을 뒤에 해야 할지 분간이 안 가는 상황인 지금, 발등의 불을 끌 경황도 없을 텐데 독도 이야기가 나온 것이다.

방사능은 자연재해가 아니다. 어디까지나 인재다. 그

방사능 때문에 자칫하면 우리도 날벼락을 맞을지 모른다. 정부에서는 걱정할 수치가 아니라 하지만 지금 벌어지고 있는 상황이 그렇지 않다. 지금은 미량이라고 하나 그동안 그 많은 방사능을 하늘로 바다로 쏟아냈으니 공기며 물이 온전할 리가 없다.

세계 여러 나라에선 우리나라를 방사능 때문에 요주의 국가로 규정하고 있다 하지 않는가. 지금 일본 때문에 우리는 기가 막힌 상황인데, 독도 문제를 말하는 그들은 우리의 이웃인가 적인가.

우리는 쓰라린 36년 상처가 해결되지 않은 채 많은 문제들을 지금도 그대로 안고 있다. 그런데도 자꾸 독도 문제로 우리를 자극하는 그들은 우리 국민과 정부를 아주 만만히 본 것일 것이다.

지진과 쓰나미가 지구를 골천번도 더 바꾸어 놓는다 하더라도, 또 방사능으로 지구가 엉망이 된다 하더라도 독도는 우리 영토임은 변함이 없다는 것을 확실하게 그들 귀에다 꼭꼭 심어 줄 방법은 없을까.

마음 같아서는 이승만 정권 때처럼 평화선을 쫙 그어 놓고 일본 것은 아무것도 현해탄에 접근 못하게 했으면 딱 좋겠는데, 아니면 임진왜란 때 그들이 우리에게 그랬던 것처럼 총칼 들고 후지산 꼭대기까지 그들을 밀어붙였으면 좋겠는데, 가슴만 답답하다.

그동안 정부도 나름대로 노력했겠지만 이젠 좀 더 강하게, 그리고 더 확실하게, 일본에 힘을 보여 주었으면 좋겠다. 일제 36년의 아픔을 빼더라도 독도 문제로 우리 국민이 그동안 받은 상처와 분노는 하늘을 찌르고도 남을 것이다.

독도 문헌을 보면 15세기경 우리는 이미 세종 때 독도를 무산도로, 울릉도를 무릉도로 정립했다. 더 거슬러 올라가면 울릉도는 우산국이었다. 독도는 우산국의 영토다. 5세기경 신라 지증왕 13년512년에 이사부 장군을 보내어 우산국을 신라에 예속시켰다. 따라서 우산국의 영토인 독도는 신라의 영토가 된 것이다. 따라서 신라의 후계인 한국 영토로 인계됨은 당연하다.

그런데 일본이 독도를 자국 영토로 선언한 것은 1905년이다. 그리고 1951년 패전국인 일본과 연합국 사이에 조인된 샌프란시스코 조약 때다. 그 외는 역사적 자료가 그들에게 아무 곳에도 없다.

이제 자라나는 두 나라 후손들을 위해서도 바른 역사 인식과 오른 생각을 갖도록, 그리고 그동안 수없이 우리를 분노케 한 이 망언이 두 번 다시 나오지 않도록 정부가 더 강하게 나왔으면 좋겠다.

그럴 수 없다면 온 국민이 나서서 일본과의 국교를 아예 끊어 버리자고 한다면 어떨까. 그런 극단적인 방법 말고는 해결될 기미가 전혀 안 보이니 말이다.

제기동 프란치스코 작은형제회

행복이란 마음이 행복하면 몸은 마음 따라 행복해지고 몸이 행복하면 마음도 따라 행복해진다. 이것은 행복 추구에서 나온 이야기다. 행복해지기 위해서 우리는 어떻게 살아야 하는 것일까.

가톨릭에는 '레지오' 라는 소규모 성모님의 모임이 있다. 일주일에 한 번 모여서 기도하고 주변 사람들에게 조금이나마 도움이 되는 일을 찾는 것부터 시작한다. 다분히 종교적이긴 해도 도움이 필요한 곳에 자발적으로 움직이게 되는 동기를 부여해 주어 나는 그곳에서 봉사라는 개념을 배웠다.

어느 날 나에게도 봉사라는 현장 속으로 들어갈 기회가 찾아왔다. 프란치스코 수도원에서 신부님과 수사님들이 행려자를 위한 식당을 운영하는 곳에서 부엌일을 돕는 일이다. 참여하는 성당이 많아 한 달 주기로 봉사하면 된다.

부엌일이란 주어진 재료를 다듬고, 씻고, 자르고, 볶고, 무치고, 밥을 푸고, 설거지 하는 그런 일이다. 다만 수백 명의 양을 한꺼번에 다루어야 하기 때문에 어디서부터 손을 대야 할지 어리둥절하기도 했지만 이내 적응이 된다. 양념을 얼마를 넣어야 하고, 간은 어느 정도 하면 되는지도.

그러다 보면 본능적으로 맛있게 하려고 양념도 많이 넣고, 이 사람 저 사람 입에 넣어 주며 간도 맞추고, 그렇게 준비한 찬을 식판에 담고 국과 따끈한 밥을 함께 내놓는다.

아무리 집안일이 많아도 한 달에 한 번이라 부담도 없고 여럿이 어울려 일하다 보면 힘들지도 않고, 일하는 게 즐거워서인지 시간 가는 줄도 모른다. 다만 신부님, 수사님 도와 드린다는 취지에서 시작한 것인데 보람을 우리가 더 느끼는 것 같아 민망하기만 하다.

행복은 전이가 된다고 했던가. 따뜻한 밥 한끼를 준비하는 사람이 즐겁게 준비하면 그 밥을 먹는 사람도 분명 즐거운 식사가 될 것은 너무도 당연하다. 한끼 식사를 위해서 팔방에서 후원해 주는 분들을 보면서 세상에는 정말 날개 없는 천사들이 많다는 것에 놀란다.

이렇게 봉사하는 사람을 위해서 신부님과 수사님은 일 년에 한 번 1박2일 야유회를 보내 준다. 그래서 법성포에 간 적이 있다. 밥과 간식은 서울에서 일부 준비해 간다. 돌아오는 길에 남은 음식을 유원지에 모여 막걸리와 함께 먹었다.

나는 술을 잘 못 먹는 편인데 그날 막걸리는 유난히 맛이 있었다. 자매님들은 식사를 끝낸 굴비집에서 굴비를 샀다. 나는 집에 와서 주문했다. 주문하면서 사장님에게 그 막걸리 이야기를 했다. 미안하지만 법성포 막걸리 한 병만 부탁한 것이다. 그 막걸리 맛을 잊을 수가 없었다.

주문한 굴비 속에 막걸리가 두 병 얌전히 들어 있었다. 맘은 그렇게 했지만 막상 막걸리를 받고 보니 얼마나 고맙던지, 답례를 해야겠는데 무엇으로 하나 고민 끝에 내 수필집을 생각했다.

첫 수필집이기도 해 부끄럽지 않은 답례라 생각하고 보냈다. 수필집에는 이곳 프란치스코 밥집 이야기가 나온다. 사장님이 그것을 읽은 것이다. 그리고 바로 머나먼 법성포에서 전화를 주셨다. 같이 봉사를 하겠다는 것이었다.

그때부터 장장 삼 년 간을 잊지 않고 매달 법성포 굴비 400여 마리를 보내 주셨다. 그래서 그 맛있는 굴비를 행려자 식판에 매달 한 번씩 올릴 수 있었다.

법성포 굴비는 정말 맛이 다르다. 짜지도 않고 하얀 살을 뜨거운 흰쌀밥 위에 얹어 먹으면 입안에서 살살 녹는다.

우리 할머니가 항상 하시던 말씀이 있다. 세상에서 가장 큰 서러움이 배고픈 것이라고. 그래서 배고픈 이에게 베푸는 은덕은 하늘이 먼저 아신다고. 신부님도 자손 만대 복을 받을 거라고 했다. 알게 모르게, 묻지도 않고 따지지도 않고, 오직 배고픈 사람을 위해 선선히 마음을 열어 후원하시는 분들, 온갖 궂은일로 어지러워지려는 세상에서 이렇게나마 평온하게 살 수 있는 것은 다 그런

분들의 따뜻한 마음 때문이 아닐까 생각해 본다.

매일 줄을 서서 식사를 기다리던 사람이 어느 날 수사님을 도와서 식판을 나르고, 자립해서 정상적인 사회생활을 하는 사람을 보면, 모든 결과가 후원해 주시는 분들 때문이라고 생각하면서 다시 한 번 감사드린다.

성자가 된 열두 살 소년

요즘 날씨가 하도 변덕스러워 일본도 우리나라처럼 쌀쌀하려니 하고 바바리를 입고 왔다. 그래서 걱정했는데 다행히 날씨는 쌀쌀하지도 덥지도 않았다.

나가사키로 이동할 때는 산들이 얼마나 굽이굽이 돌던지 강원도로 착각할 정도였다. 시내로 들어서자 산비탈에 줄줄이 들어선 집들은 또 어떤가, 마치 부산에 들어선 것 같아 놀랐다. 두 나라의 자연이 이렇게 비슷한 것을 보니 가톨릭 박해의 역사도 비슷한 것은 아닌지.

일본의 박해는 도요토미 히데요시 때부터 시작한다. 지금으로부터 400년 전 일본을 통일한 도요토미 히데요시는 농민을 철저하게 지배해 온 사람이다. 인간의 평등을 중요시하는 가톨릭이 번성하면 일본의 지배구조가 무너질 거라는 것을 그는 예감한다. 만민에게 평등한 가톨릭은 전란에 시달리고 계급제도에 숨이 막힌 농민들에게 희망이요, 기쁜 소식이 아닐 수 없다. 그래서 지배자는 결사적으로 가톨릭을 막으려 했을 것이고, 농민들은 이를 놓지 않으려고 목숨까지 바치는 극한 상태가 된 것은 자명한 일이다.

도요토미 히데요시는 가톨릭 박해의 첫 본보기로 니시자카 언덕에서 26위 성인들을 처형한다. 우리 일행은 지금 그 니시자카 성지를 가고 있다. 그곳에는 26인 성인 기념관과 기념 성당이 있다.

순교지는 도시 한복판에 있어 찾기 쉬웠다. NHK 방송국 뒤편으로 조금 올라가면 이정표가 보이고 건물 위로 커다란 기둥 한 쌍이 눈에 들어온다. 그 기둥은 성당 양 옆에 있는 탑이다. 탑을 보면서 모퉁이를 돌아서면 바로 위에 성당이 있다. 성당은 그리 크지 않지만 26위 성인을 모시고 있어서인지 밝고 환하다.

성당 양 옆에 높이 솟은 두 탑 중 하나는 우리 기도가 하늘로 올라가는 것을 의미하고, 또 한 탑은 하느님의 은총이 하늘에서 내려오는 것을 의미한다고 한다. 나의 기도도 하늘에 올라가기를 기원하면서 여기까지 오게 된 것에 감사하며 순교자 한 사람 한 사람을 생각해 본다. 그들은 이 언덕에서 순교하기까지 얼마나 많은 수모와 고초를 겪었을까.

엔도 슈샤쿠가 쓴 『침묵』이라는 책을 보면 일본에서는 이미 신부가 다 추방되어 한 사람도 없는데, 교리를 가르치고, 기도를 하고, 제대도 없고 미사 책도 없는데 미사를 드리고, 신생아가 태어나면 신부 아닌 웃어른에게 세례도 받고, 끊임없이 포교들이 드나들며 감시하고, 또 신자들을 고발하려는 눈이 사방에서 번득이고 있는데, 숨어서 숨어서 신앙을 지키는 그들의 모습에서 우리 선조들을 보는 것 같아 놀란다.

그리고 가톨릭 신자란 신분이 발각되어도 조금도 두려워하지 않고 신앙의 정신으로 기쁘게 순교하는 모습도 우리 조상들과 너무 닮았다. 부활의 희망으로 박해를 이기고 원수마저 용서하는 점도, 그래서 감동하고 슬퍼하며 그렇게 읽었다.

『침묵』에서 그들의 신앙생활은 실제 상황이었다. 이렇게 두 나라는 신부 한 사람 없이 수백 년의 박해 속에서 천주교를 이어온 것이다.

조선시대 때 박해는 일본과 조금 다르다. 유교를 숭상한 성리학자들은 다른 종교를 이단시하며 배척했다. 계급 사회가 엄연한데 상놈과 양반이 한자리에 앉아 미사를 보고, 남녀가 유별한데 같이 교리를 듣고, 특히 조상에게 제사를 지내지 않는다는 것은 효를 중요시하는 성리학에서는 있을 수 없는 일이다.

그래서 두 나라의 박해 역사는 시대적으로는 200년이란 차이가 있지만 숙명적일 수밖에 없다.

왜 하느님은 그 많은 사람이 죽어가는데 침묵하고 있는 것일까. 죽음보다도 더 무서운 고통을 이겨내지만 결국은 험하게 죽고 마는 그들에게 어째서 침묵만 하고 있는 것일까. 『침묵』을 읽으면 그 물음이 끊임없이 이어진다. 그 해답을 나는 오늘 26인이 순교한 니시자카 순교 언덕에서 찾고자 한다.

26위 순교자 중에는 열두 살 어린 소년도 있다. 그 소년은 루도비코 이바라키로, 아버지 바오로 이바라키, 삼촌

레오 이바라키와 함께 임진왜란 때 끌려온 우리 조선인이다. 임진왜란이란 치욕을 안고 일본에 끌려와 노예생활 등 갖은 고초를 다 겪다 가톨릭 신자가 되자 붙들리고 만다. 어린 나이에 어른들과 똑같이 귀가 잘리고, 조리돌림을 당하고, 맨발에 두 손을 결박당한 채 추위와 허기, 갖은 모욕과 돌팔매를 맞으면서 끌려온다.

그런데 그들의 얼굴과 표정은 말할 수 없이 밝고 편안하다. 사람들은 그 표정에 놀란다. 그런 표정은 어디서 나오는 것일까.

니시자카 언덕에는 26인을 매달 십자가가 기다리고 있다. 그들 한 사람 한 사람을 십자가에 매달고, 그래서 소년도 아버지, 삼촌과 함께 매달린 채 순교한다.

순교자 중에는 열두 살 루도비코 말고도 열세 살, 열네 살 일본 소년도 있다. 기록에 의하면 그 당시 조선인 신자는 2천 명이 넘는다고 한다. 서럽고 낯선 땅에 끌려와 갖은 고통을 감내한 조선인에게는 의지할 곳이란 오직 하느님뿐이었을 것이다. 조선인 이사벨라 여인은 운젠지옥 온천에서 순교한다.

박해는 결코 신앙을 멈추게 하지 못한다. 26위인의

당당하고 그리고 기쁘게 순교한 모습을 본 일본인들은 순교자들의 뒤를 이어 다투어 가톨릭에 입교한다. 사형 입회인서부터 농민들이 줄줄이 입교해 꺼질 줄 모르는 가톨릭 불은 250년 동안 계속 이어져 42위 성인이 나오고, 순교복자는 393위이나 되며, 순교한 신자는 5만 명이 넘는다고 한다. 그 수는 30만 내지 50만 명이라는 설도 있다. 박해 사실이 세상에 알려진 것이 250년이 지난 뒤라 정확한 통계가 어려웠을 것이다.

하느님은 침묵한 게 아니었다. 순교자 모두에게 심어 준 굳건한 신앙은 우리 모두에게 준 하느님의 답이라고 나는 확신한다. 그 답은 또 있다. 250년 동안의 박해의 역사가 묻혀 있다 세상에 알려진 것은 26위 순교 성인에게 봉헌된 오우라 성당에서다.

이 성당이 1865년 축성되면서 주임신부에게 15명의 농민들이 몰래 찾아온다. 그들은 250년 동안 숨어서 신앙을 지켜온 가톨릭 집안의 후손들이었다. 이들 때문에 명맥이 끊어진 걸로 알았던 250년 전의 일본의 박해 역사가 비로소 전 세계에 알려진다. 일본 가톨릭의 부활이 온 것이다.

참혹했던 나가사키 순교가 비로소 세계에 알려지면서 멕시코의 성금으로 니시자카 성당이 건립된다. 성 필립보 성당이란 이름도 250년 전 나가사키에서 순교한 멕시코 신부의 이름을 따온 것이다. 탑에 박힌 휴니스 모자이크도 교토에서 잡혀 나가사키까지 걸어온 순교자들의 발자취를 따라 그 길에서 수집해 온 도자기 파편으로 제작한 것이다.

그때부터 나가사키 항구에 입항하는 외국 선박들은 들어올 때나 나갈 때 축포를 울려 성인과 순교자에게 경의를 표한다. 그래서 순교자의 발자취가 곳곳에 묻어 있다는 니시자카 성지는 "내가 세상을 이겼다" 요한 16, 17 라는 성경 말씀이 이루어진 것이다.

오래된 피아노

펴낸날 초판 1쇄 2016년 7월 20일

지은이 최문정
펴낸이 서용순
펴낸곳 이지출판

출판등록 1997년 9월 10일 제300-2005-156호
주 소 03131 서울시 종로구 율곡로6길 36 월드오피스텔 903호
대표전화 02-743-7661 팩스 02-743-7621
이메일 easy7661@naver.com
디자인 박성현
인 쇄 (주)꽃피는청춘

값 13,000원

ISBN 979-11-5555-046-5 03810

이 도서의 국립중앙도서관 출판예정도서목록(CIP)은 서지정보유통지원시스템 홈페이지(http://seoji.nl.go.kr)와 국가자료공동목록시스템(http://www.nl.go.kr/kolisnet)에서 이용하실 수 있습니다.(CIP제어번호: CIP2016016326)